Der Psycho-Comic

Christine Goerigk · Franziska Schmithüsen

Der Psycho-Comic

Die Klassiker der Psychologie

Christine Goerigk
Ludwigshafen am Rhein, Deutschland

Franziska Schmithüsen
Schortens, Deutschland

ISBN 978-3-662-59071-3   ISBN 978-3-662-59072-0 (eBook)
https://doi.org/10.1007/978-3-662-59072-0

Die Deutsche Nationalbibliothek verzeichnet diese Publikation in der Deutschen Nationalbibliografie; detaillierte bibliografische Daten sind im Internet über http://dnb.d-nb.de abrufbar.

© Springer-Verlag GmbH Deutschland, ein Teil von Springer Nature 2019
Das Werk einschließlich aller seiner Teile ist urheberrechtlich geschützt. Jede Verwertung, die nicht ausdrücklich vom Urheberrechtsgesetz zugelassen ist, bedarf der vorherigen Zustimmung des Verlags. Das gilt insbesondere für Vervielfältigungen, Bearbeitungen, Übersetzungen, Mikroverfilmungen und die Einspeicherung und Verarbeitung in elektronischen Systemen.
Die Wiedergabe von allgemein beschreibenden Bezeichnungen, Marken, Unternehmensnamen etc. in diesem Werk bedeutet nicht, dass diese frei durch jedermann benutzt werden dürfen. Die Berechtigung zur Benutzung unterliegt, auch ohne gesonderten Hinweis hierzu, den Regeln des Markenrechts. Die Rechte des jeweiligen Zeicheninhabers sind zu beachten.
Der Verlag, die Autoren und die Herausgeber gehen davon aus, dass die Angaben und Informationen in diesem Werk zum Zeitpunkt der Veröffentlichung vollständig und korrekt sind. Weder der Verlag, noch die Autoren oder die Herausgeber übernehmen, ausdrücklich oder implizit, Gewähr für den Inhalt des Werkes, etwaige Fehler oder Äußerungen. Der Verlag bleibt im Hinblick auf geografische Zuordnungen und Gebietsbezeichnungen in veröffentlichten Karten und Institutionsadressen neutral.

Springer ist ein Imprint der eingetragenen Gesellschaft Springer-Verlag GmbH, DE und ist ein Teil von Springer Nature
Die Anschrift der Gesellschaft ist: Heidelberger Platz 3, 14197 Berlin, Germany

Für
meine Kinder
Echnaton, Mantao und Victoria
und meinen Gefährten
Andreas Binder

Als ich gebeten wurde, ein paar Worte dazu zu schreiben, warum ich dieses Buch herausbringe, dachte ich, das sei überflüssig. Es war doch völlig klar, dass es um das Wichtigste geht, was wir Menschen haben: unsere Psyche. Ich bevorzuge das Wort Seele. Seele verstehen wir alle und sie ist uns im Sprachgebrauch näher als das Wort Psyche. Wir können beseelt sein oder selig. Wir kennen eine Seele von einem Menschen oder einen Seelenverkäufer. Manche von uns gehen zum Seelenklempner oder bitten religiös um die Rettung ihrer Seele. Es gibt große, kleine, aufopfernde oder verdorbene Seelen. Aber alle haben eins gemeinsam: Sie prägen uns. Der Satz „Schönheit kommt von innen" sagt, dass wir nicht nur durch äußere, materielle Dinge schön und glücklich werden, es braucht das, was uns ausmacht, nämlich Gefühle, die ja bekanntlich ein Ausdruck der Seele oder Psyche sind.

Wenn man betrachtet, wie lange sich der Mensch bereits mit diesem Thema beschäftigt, und dass Hinweise bestehen, dass schon in der Steinzeit etwas vorausgesetzt wurde, was wir vielleicht als Seele bezeichnen würden, oder wenn wir die griechischen Sagen lesen und all die Verführungen entdecken, die einer menschlichen Seele begegnen können, auch in der Bibel sind wir Menschen mit all unseren Verwirrungen und Verirrungen dokumentiert, und zuletzt in den Märchen dieser Welt, dann ist es unmöglich, ein nicht beseeltes Wesen anzunehmen.

Wenn mein Rücken schmerzt oder mein Herz stolpert, mein Zahn muckt oder meine Augen nachlassen, gehe ich zum Orthopäden, Kardiologen, Zahn- oder Augenarzt. Wenn meine Seele unter Trauer oder Schmerz leidet, soll sie einfach selbst heilen oder sollten wir uns nicht auch lieber an einen Spezialisten wenden? Früher gab es Schamanen und Heiler, den Glauben, heilige Rituale und heute gibt es die Psychologie. Ein körperliches Leiden kann verschwinden, wenn die Seele heilt, und zum Glück arbeiten Mediziner und Psychologen heute gut zusammen. Die Psychologie hat sich einen Platz erarbeitet, der gleichwertig neben anderen medizinischen Fachgebieten existiert, und in diesem Buch zeige ich einige der Wege, die beschritten wurden. Manche Experimente wären heute nicht mehr durchführbar, weil sie an unserer heutigen Vorstellung von Ethik scheitern würden, aber sie sollten gerade deswegen nicht vergessen werden, weil auch sie unsere Vorstellung von Ethik geprägt haben und sogar zu der Gründung von Ethikkommissionen führten.

Dieses Buch ist also entstanden, weil ich allen Menschen Glück und Liebe wünsche und weil uns die Psychologie dabei helfen kann, diesem Wunsch wenigstens etwas näher zu kommen.
Bilder prägen sich häufig besser ein als Text und man lernt entspannt besser. Ich habe eine Affinität zur Psychologie, weil ich in meinem Leben in Krisen therapeutische Hilfe in Anspruch nahm und so einige Klippen umschiffen konnte, um mein Leben auf einem konstruktiven Kurs zu halten. Mein Bemühen war es, das Buch auch für Laien attraktiv zu gestalten, um zu zeigen, dass Psychologie eine Wissenschaft für die Seele ist und man sich nur Gutes tut, wenn man sich um seine Seele genauso kümmert wie um sein Herz, seine Leber oder Nieren. Vielleicht kann ich hierdurch die Psychologie noch attraktiver machen und vielleicht wird die Welt dadurch ein klein wenig besser.
Letztendlich streben wir alle nach Anerkennung und Liebe, wir gehen nur manchmal seltsame Wege, um sie zu bekommen.

Ich möchte Herrn Coch danken, dass er mir die Möglichkeit zu diesem Buch gab und mir Franziska Schmithüsen als Co-Autorin vermittelte, die mit ihrem Kursbuch Psychologie die studienrelevanten Themen der Psychologie zusammengefasst hat. Sie hat mich geduldig mit ihrer Sachlichkeit und Faktentreue begleitet und auch kreativ zum Gelingen des Buches beigetragen. Vielen Dank!
Besonders danke ich meinem Gefährten Andreas Binder, meinem Fels in der Brandung.

Christine Goerigk, Ludwigshafen 2019

Alles begann 2013 mit einem spannenden Telefonat, das mich in einer kritischen Lebensphase erreichte. Ich hatte gerade mit der Ausbildung zur psychologischen Psychotherapeutin begonnen, verdiente nebenbei mein Geld als Psychologin in einer Klinik und schrieb zusätzlich an dem Lehrbuch „Lernskript Psychologie". Eigentlich war dieses Arbeitspensum viel zu viel und ich war gerade dabei das zu begreifen, denn ich lag krank und sehr unglücklich in meinem Bett. Da rief mich der Verlag an und fragte, ob ich nicht an einem Projekt namens „Der Psycho-Comic" mitarbeiten wolle. Tja, ich hatte sofort Lust, aber absolut keine Zeit. In diesem Moment spürte ich deutlich, warum ich so unzufrieden war: Das Schreiben – etwas, das ich sehr gerne tat und das mir sehr am Herzen lag, kam in meinem Leben viel zu kurz. Trotz des Zeitmangels in meinem Leben sagte ich zu, was sich im Nachhinein als eine hervorragende Entscheidung herausstellte, fiel damit doch auch die Entscheidung, meine Prioritäten neu zu setzen und mein Arbeitspensum zu reduzieren.

In den darauffolgenden Jahren erlebte unser Comic-Projekt viele Höhen und Tiefen, nach der ersten Euphorie folgte eine intensive inhaltliche Auseinandersetzung. Es wurde klar, dass mit Christine und mir als Autorinnenpaar zwei Welten aufeinanderprallten. Christine war der kreative Kopf mit unendlich vielen sprudelnden Ideen und ich war die Lehrbuchautorin, die immer den kritischen Blick auf die schillernden Zeichnungen warf.

Über die Jahre, in denen „Der Psycho-Comic" immer wieder schöpferische Ruhepausen einlegte, konnten wir zunehmend effektiver miteinander arbeiten und Christine und ich lernten, wie wir uns zu nehmen hatten. Jetzt am Ende kann ich sagen: Es hat sich wirklich gelohnt, dass wir uns auch nach intensiven inhaltlichen Diskussionen immer wieder zusammengerauft und weitergemacht haben! Das vorliegende Werk ist eine fulminante Zusammenstellung verschiedener psychologischer Theorien, Modelle und Experimente, alles fachlich fundiert und für Laien, Fachleute, Studierende, Schülerinnen und Schüler ansprechend aufbereitet. Ich wünsche den Leserinnen und Lesern außerordentlich viel Freude beim Stöbern, Lesen und Entdecken.

Wer noch mehr fachliches Hintergrundwissen zu den Themen dieses Buches haben möchte, dem sei „Lernskript Psychologie" ans Herz gelegt. Dabei handelt es sich um eine kompakte Zusammenfassung der zentralen Grundlagenfächer aus dem Psychologiestudium, die ich zusammen mit meinen Professoren geschrieben habe.

Mein Dank geht an Herrn Coch vom Springer-Verlag, dessen diplomatisches Geschick mir und Christine immer wieder zugute kam und der dadurch bei den erwähnten Auseinandersetzungen immer wieder gut vermitteln konnte. Darüber hinaus danke ich meinem Mann Thomas, der mit mir eine Frau an seiner Seite hat, die sich gerne für Projekte engagiert, bei denen der Arbeitsaufwand in keinem Verhältnis zum finanziellen Output steht. Danke, dass du auch dieses Buchprojekt begleitet und unterstützt hast! Ein Dank geht auch an meinen Vater, meine Mutter, meine Geschwister: Ihr seid die beste Familie, die ich mir wünschen kann.

Franziska Schmithüsen
Schortens, im Frühjahr 2019

Inhaltsverzeichnis

1. Anlage-Umwelt-Debatte. Wer ist hier schlau? 1
2. Geschichte der Psychologie 13
3. Psychoanalyse. Wer hat's erfunden? 37
4. Sozialpsychologie I. Das Milgram-Experiment 47
5. Sozialpsychologie II. Die Rosenthal-Experimente 57
6. Sozialpsychologie III. Mehrheiten-Minderheiten-Experimente 63
7. Sozialpsychologie IV. Soziale Identität und Rollen – das „Robbers-Cave-Experiment" 69
8. Sozialpsychologie V. Soziale Identität und Rollen – das „Stanford-Prison-Experiment" 77
9. Sozialpsychologie VI. Unsere Einstellungen und Urteile sind anfällig 87
10. Allgemeine Psychologie I. Konditionierung 93
11. Allgemeine Psychologie II. Lernen 101
12. Allgemeine Psychologie III. Gedächtnis 107
13. Allgemeine Psychologie IV. Emotionen 115
14. Allgemeine Psychologie V. Wieso wir uns verhören und versprechen 123
15. Entwicklungspsychologie I. Kognitive Entwicklung nach Piaget 129
16. Entwicklungspsychologie II. Bindungsverhalten von Kindern 135
17. Persönlichkeitspsychologie I. Warum sind Menschen so kompliziert? 143
18. Persönlichkeitspsychologie II. Intelligenz und Kreativität 157
19. Angewandte Psychologie. Psychotherapie 173

Literaturverzeichnis 182

Anlage-Umwelt-Debatte Kapitel 1

Wer ist hier schlau?

Um 400 v.Christus dachte Platon, dass bereits angeboren ist, wie sich ein Mensch entwickelt, das heißt, dass Fähigkeiten wie z.B. Rechnen vererbt werden.

Im 17. Jh. glaubte Descartes, dass die Klugheit des Menschen in seiner Fähigkeit zu zweifeln besteht. Und das allererste, was er anzweifelte, war die sinnliche Wahrnehmung, die für seinen Geschmack viel zu anfällig für unsere Wünsche und Erwartungen ist. Descartes griff deshalb die Idee von Platon wieder auf, dass der Mensch und damit auch seine Intelligenz dadurch bestimmt ist, was ihm angeboren ist.

Etwas später meinte Locke schließlich, der Mensch komme als leere Tafel zur Welt, auf die das Leben seine Erfahrungen schreibt. Er glaubte wie Aristoteles, dass nur die Wahrnehmung den Menschen präge.

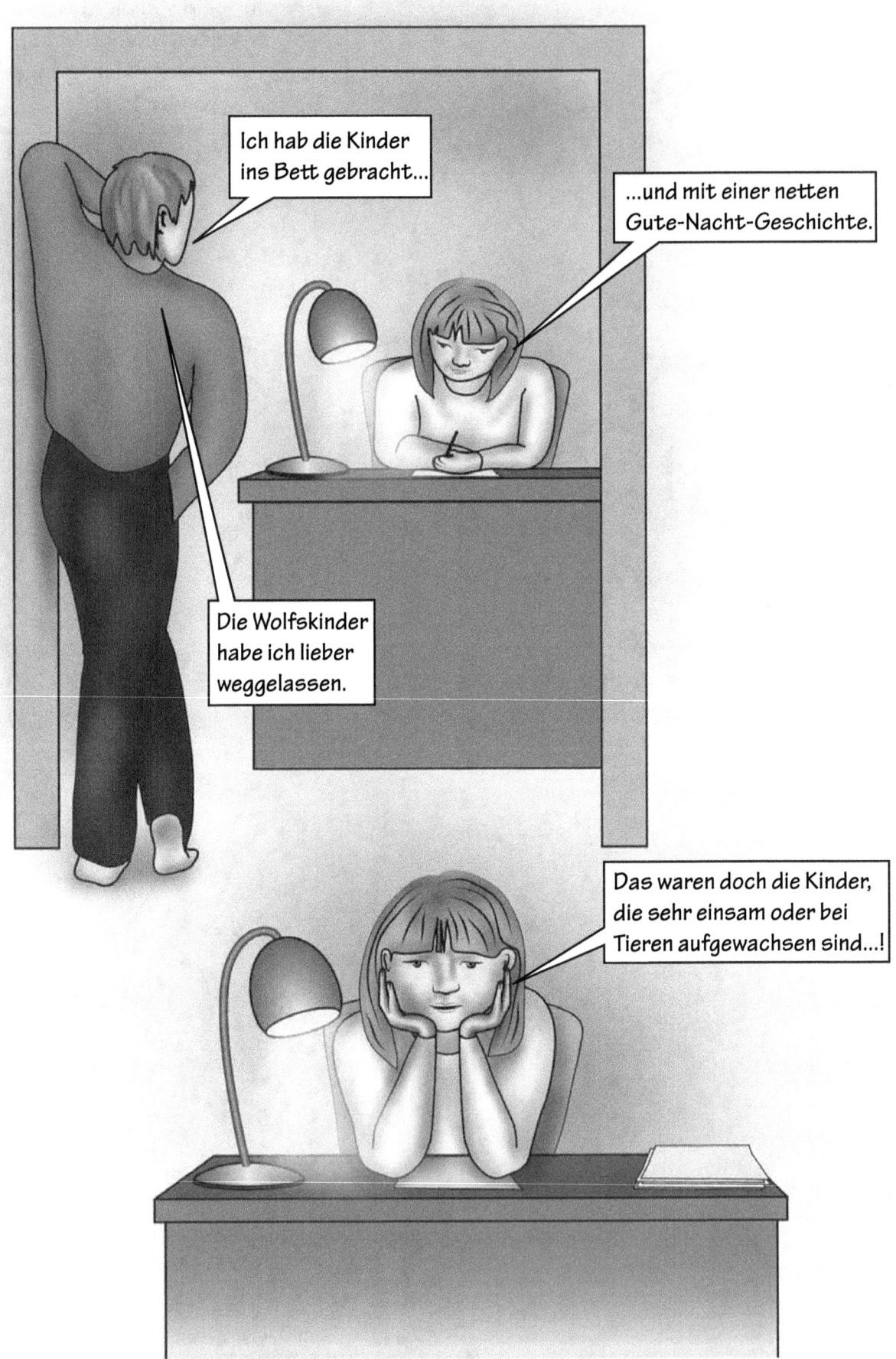

Ja genau! Diese Kinder waren sehr stark in ihrer Entwicklung beeinträchtigt – sie konnten z.B. kaum sprechen. Das Problem bei diesen „wilden" Kindern ist aber, dass man im Nachhinein oft nicht weiß, ob die Berichte tatsächlich stimmen oder ob die Kinder eine Erbkrankheit oder einen Gendefekt hatten.

Psychologen untersuchten z.B. bei Zwillingen, die nach der Geburt getrennt wurden und in unterschiedlichen Umwelten aufwuchsen, ob sie sich in ihrer Intelligenz unterschieden. Man untersuchte auch, ob Zwillinge, die gemeinsam aufwuchsen, immer gleich intelligent waren..

Das versuchte man in einer Zahl zusammenzufassen, einer Erblichkeitsschätzung. Dabei kam heraus, dass 40-60% der Intelligenz der Bevölkerung durch die Gene bestimmt werden. Das Problem bei dieser Erblichkeitsschätzung ist aber, dass die Zahlen nicht für den Einzelnen gelten, das heißt, bei dem Einzelnen kann die Anlage oder auch die Umwelt ausschlaggebender sein.

Geschichte der Psychologie

Kapitel 2

Auf die Dauer der Zeit nimmt die Seele die Farbe der Gedanken an.
(Marcus Aurelius)

In der **Antike** galt „verrückt sein" als **Gabe der Götter,** solange es der Gemeinschaft diente. Da viele Erkrankungen als durch Götter verursacht angenommen wurden, gab es Tipps zur **Heilung** natürlich **durch Auserwählte**, die den Göttern nahestanden. **Die Seele wohnte in der Brust,** gleich beim Zwerchfell, und war eher so eine Art Luftzug, der den Körper bei Ohnmacht oder Tod verließ.

 Daraus entstanden die **Elementenlehre** und die Lehre der **Temperamente** sowie das **Schichtmodel der Seele**. Vieles fließt bis heute in die Medizin und Psychologie ein.
Allen gemeinsam war die Erkenntnis:
Der Mensch ist ein Individuum!

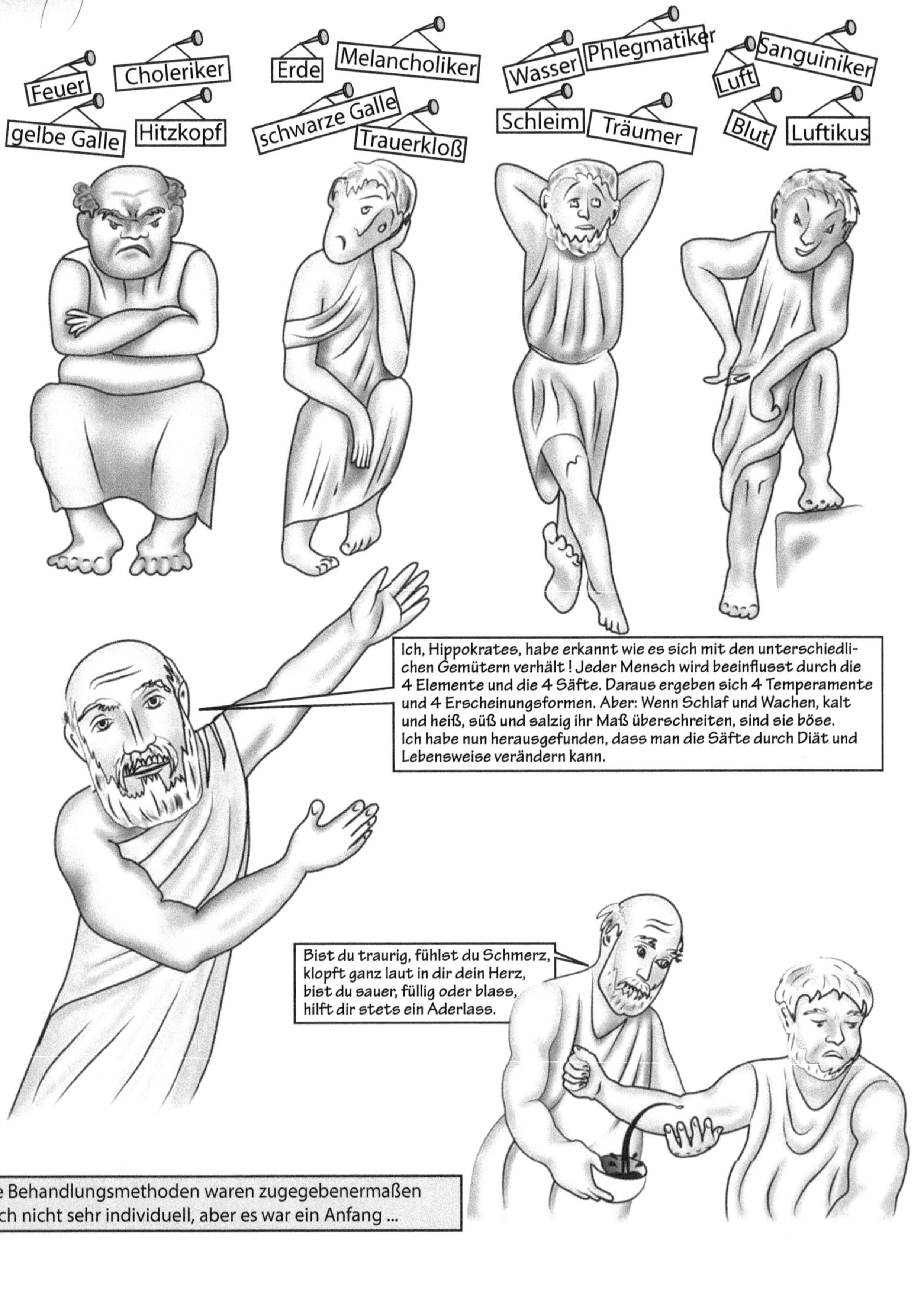

Feuer — Choleriker — gelbe Galle — Hitzkopf

Erde — Melancholiker — schwarze Galle — Trauerkloß

Wasser — Phlegmatiker — Schleim — Träumer

Luft — Sanguiniker — Blut — Luftikus

Ich, Hippokrates, habe erkannt wie es sich mit den unterschiedlichen Gemütern verhält! Jeder Mensch wird beeinflusst durch die 4 Elemente und die 4 Säfte. Daraus ergeben sich 4 Temperamente und 4 Erscheinungsformen. Aber: Wenn Schlaf und Wachen, kalt und heiß, süß und salzig ihr Maß überschreiten, sind sie böse. Ich habe nun herausgefunden, dass man die Säfte durch Diät und Lebensweise verändern kann.

Bist du traurig, fühlst du Schmerz,
klopft ganz laut in dir dein Herz,
bist du sauer, füllig oder blass,
hilft dir stets ein Aderlass.

Die Behandlungsmethoden waren zugegebenermaßen noch nicht sehr individuell, aber es war ein Anfang ...

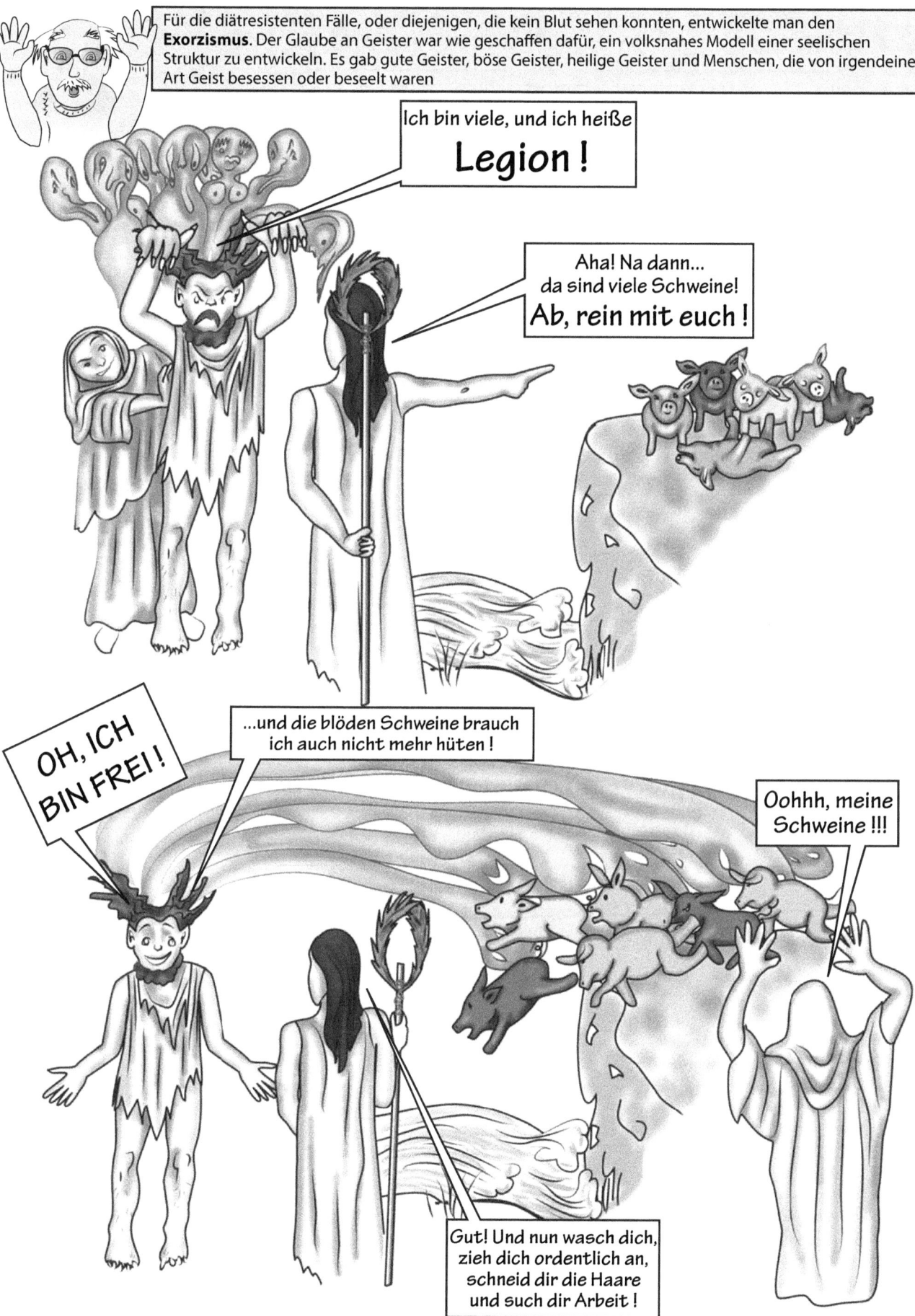

Im **Hochmittelalter** rauchte dem **Klerus** der Kopf. Aristoteles' Lehre kam wieder in Mode und die **Seele** geriet in den Verdacht, **etwas Eigenständiges, Unsterbliches** zu sein, das mit dem Wissen korrespondiert.

3 Einheit? Körper, Geist und Seele? Wie die Dreifaltigkeit?

Ist die Seele eine Substanz? Woraus besteht sie? Mit welchen Fähigkeiten ist sie ausgestattet? Ist die Seele eine Einheit?

...und ist der Mensch als vornehmstes, komplexes Wesen besonders störanfällig oder scheint es nur so und er ist besonders anpassungsfähig? Und gilt das auch für Frauen oder nur für Menschen?

Während Weise wie Thomas von Aquin, in abgeschlossenen Bibliotheken darum rangen, alte griechische Weisheit mit der Bibel in Einklang zu bringen, hatte das Volk längst erkannt, dass es einzig und allein ums nackte Überleben ging. Die Seele hatte ihren Ausdruck in Krankheiten gefunden, für deren Diagnose und Heilung die Geistlichen zuständig waren.

Es geht um den Erhalt unseres Adels, oder willst du als einfacher Bürger oder Bauer enden? Du bist doch zu nichts zu gebrauchen. Du bist schwermütig und melancholisch!

Du wirst durch deine Cousine in den Hochadel einheiraten und wir brauchen die Mitgift. Du bist immer nur traurig und freudlos. Sei froh, dass wir dich trotz deiner Dämonen verkuppelt haben.

Oh, warum darf ich nicht ins Kloster? Ich will diesen Cousin nicht! Ich will eine Jungfrau bleiben!

10 Goldstücke! Das lohnt sich! Ich werde meine andere Tochter dem Bruder ins Bett legen. Dann geht die auch ins Kloster, ich bekomme noch mal Gold und ich hab noch einen Esser weniger!

Bringen wir sie zum Pater, der wird erkennen, was sie hat! Ich fürchte Atemnot der Gebärmutter. Der Teufel schnürt sie ab.

Das ist ein Veitstanz! Sie ist eindeutig besessen!

Es wurde zwar nicht mehr so viel „verbrannt", aber das primäre Interesse lag nach wie vor am materiellen Wohlergehen. Von „Luft, Liebe und einer glücklichen Seele" konnte man nun mal nicht leben und deswegen standen sie nicht hoch im Kurs.

NEEEEIIIIINNNNN! Oh, du mein Geliebter! Sie dürfen uns nicht trennen! Wenn du das zulässt, wirst du in der Hölle schmoren! Ich will nicht hinter Klostermauern verrotten!!!

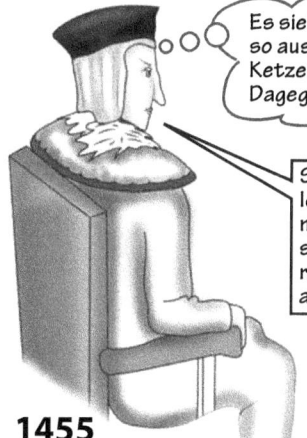

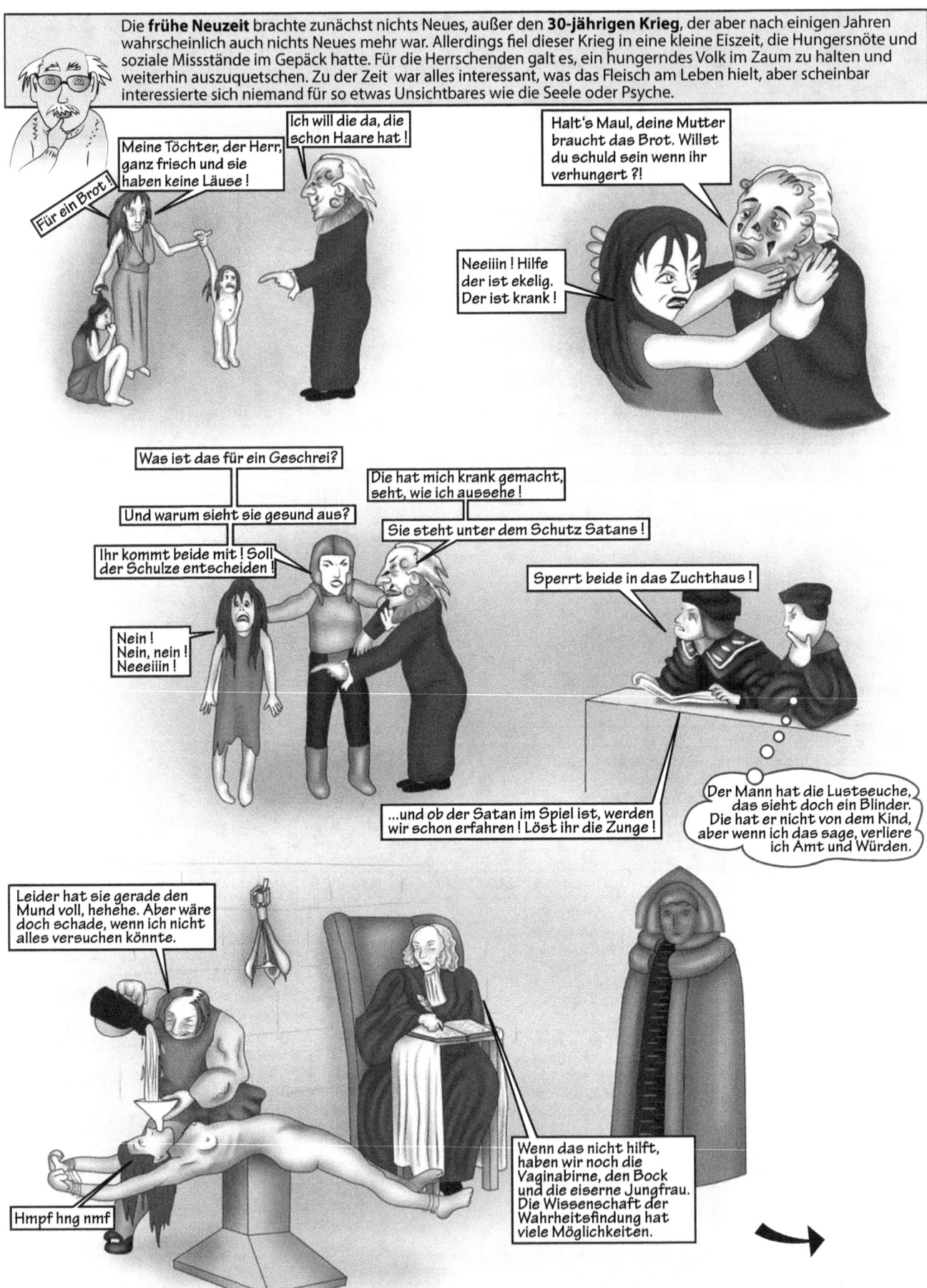

...der „Wahrheit" galt das oberste Interesse, sie entwickelte sich zu einer Branche, einer lukrativen Geschäftsidee, die sich auch noch selbst finanzierte. Der wirtschaftliche Aspekt war neu und es entstand eine Logistik und eine Organisation der Wahrheitsfindung durch Protokollführung. Kriminelle, physisch Kranke und psychisch Kranke waren allerdings gleichgestellt und am Ende wahrscheinlich wirklich nicht mehr zu unterscheiden.

Das Weib scheint nach wie vor gesund zu sein. Das kann daran liegen, dass sie von Satan geschützt wird. Da sie aber nach Essen verlangt und Hunger hat, was untypisch für Besessene ist, glaube ich, dass Satan sie verlassen hat oder sie war nie mit ihm im Bunde.

Zu welchen Ergebnis ist er gekommen?

Der Mann ist mit Syphilis infiziert. Ein Arzt hat die Lustseuche bestätigt.

Bringt sie ins Zuchthaus, gebt ihr Wasser und Brot. Die Kosten zahlen die Anverwandten, in diesem Fall die Mutter.

Damit hat die Folter erst einmal ein Ende.

Kasse für Schaulustige

Abschlag für die Insassen auf den Teller, Speis und Trank dort zum Vorkoster!

Was! Mehr als ein Brot habt ihr nicht?

Ach, ein Brot kann ich zu dem fetten Huhn brauchen!

Nein, das ist für deine Schwester, das sie hier sein darf

Mutter, gib mir bitte Brot! Ich hab Hunger!

Ein Irrenhaus war damals ein beliebtes Ausflugsziel!

Zurück! Kommt den Irren nicht zu nahe!

Mutter, warum sieht die Schwester nicht einmal her?

Abscheulich! ich kann gar nicht weggucken!

Hier kann man getrost die Anatomie studieren!

Deine Schwester hat keine Seele mehr, die haben sie zu sehr gefoltert!

Nie wieder soll der Pfaffe mir von Gott reden oder von Barmherzigkeit!

...und sieh nur! Da ist der böse ekelige Mann!

Wo bin ich? Und warum bin ich kein Mann mehr? Alles ist abgefault! Wie komme ich hier her?

Otto?

Absolutismus, Aufklärung und Französische Revolution rückten das menschliche Befinden wieder in den Fokus. Die Forderung nach Menschlichkeit beinhaltete auch menschliche Behandlung. **Philippe Pinel** setzte als erster auf **freiwillige ärztliche Behandlung**. Zwangsbehandlungen lehnte er ab. Er berichtete als Erster von Heilerfolgen.

Als **leitender Arzt am Hôpital Salpêtrière** beendete Pinel das wahllose Wegsperren und trennte Kriminelle von physisch Kranken und psychisch Kranken.
Er erschuf somit die erste Klinik für psychisch Kranke, die allerdings damals immer noch Irrenhaus hieß.

Die **Industrialisierung** brachte die Nutzung neuer Energien und Kräfte, die auch in der Heilkunde auf Interesse stießen. **Anton Mesmer** experimentierte mit **Hypnose** und experimentierte mit **Magnetismus**, um die psychogene Sichtweise zu bestätigen. Hypnose kann Lähmungen erzeugen und kurze Zeit später wieder lösen. Daraus folgerte er: Einfluss auf die Psyche verursacht Änderungen des Körpers.

Es geht auch ohne Magneten, man benötigt nur genug eigenen animalischen Magnetismus.

Er machte die Psychologie "salonfähig". Seine Bemühungen, eine naturwissenschaftliche Erklärung für die von ihm angewendeten Kräfte zu finden, machte ihn zu einem Wegbereiter der Parapsychologie.

Dieser Mesmerismus hilft wohl gegen alles?

Ich habe meine Schuhspangen magnetisieren lassen. Das lindert die Gicht und erheitert mein Gemüt.

Noch heute gibt es Anhänger des Magnetismus und es gibt noch immer magnetisierte Betten, Ketten, Schuheinlagen u. a. zu kaufen.

Obwohl **Jean-Martin Charcot** als Neurologe zu Ruhm kam, weil er die Neurologie wie kein anderer beeinflusste und für ihn **1882 der weltweit erste Lehrstuhl für Krankheiten des Nervensystems am Hôpital de la Salpêtrière in Paris** eingerichtet wurde, hatte er in seinen späteren Jahren vorwiegend Interesse an psychopathologischen Studien über der Hysterie, die er als „eigene" Krankheit klassifizierte. Seine Ergebnisse wurden später korrigiert, hatten aber großen Einfluss auf die Entwicklung der Psychiatrie und auf die Psychoanalyse seines Schülers Sigmund Freud. Charcot glaubte zunächst, die Bereitschaft zur Hypnose sei ein Symptom der Hysterie, gestand später aber ein, dass hysterische Personen einfach besonders anfällig für Suggestion sind.

Tatsächlich erleichterte Charcot die therapeutische Arbeit, denn Ovarialpressen und Genitalmassagen auszuführen war bestimmt nicht immer angenehm, und es klingt heute eher nach Verzweiflung als einem angemessen Entspannungsmittel.

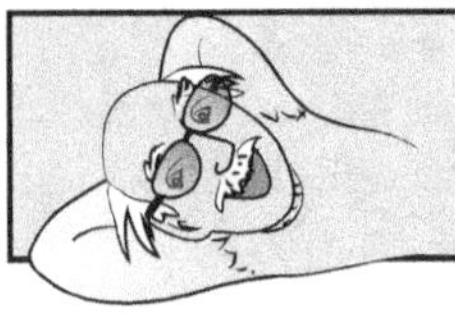

 **Sigmund Freud** studierte 1885 an der Salpêtrière bei Charcot. Seine Erfindung, die **Psychoanalyse**, entstand durch das Studium der Hypnose, die sein Interesse an den psychischen Ursachen der Neurosen weckte.

Freud ist Begründer der Psychoanalyse, die die erste echte psychische Behandlungsmethode für psychische Störungen ist. Viele heutige Psychotherapieformen haben ihren Ursprung in den Ideen Freuds.

Ende des 19. und am Beginn des 20. Jahrhunderts hatte die Psychologie sich bereits zu einer eigenständigen Disziplin entwickelt. Seit **Wilhelm Wundt 1879** den **ersten Lehrstuhl in Leipzig** bekam, hatten sich auch die Bemühungen um anwendbare Therapien verstärkt. **Konditionierung und Konfrontation** fanden Anklang bei denen, die die Aufarbeitung durch die Psychoanalyse für zu undurchsichtig und wenig praxisbezogen hielten. Konzepte für die stationäre Behandlung benötigten nachweisbare Erfolge und gültige Standards. Zur Konditionierung gab es Ergebnisse aus Tierversuchen. **Dr. John B. Watson versuchte den Nachweis beim Menschen und gilt als Begründer des Behaviorismus.**

Das „Little-Albert-Experiment"

Der 9 Monate alte „Albert" war letztlich nicht repräsentativ, weil er vermutlich neurologisch nicht gesund war. Es war damals üblich, für Experimente Personen aus Kranken- und Pflegeheimen zu wählen. Albert soll nur 6 Jahre alt geworden sein. Dieses Experiment war jedoch **der Ursprung der Verhaltenstherapie**. Dr. Watson gab seine Forschungen auf und arbeitete erfolgreich in der Werbung.

Das „Peter-Experiment"

Zum Nachweis, dass eine umgekehrte Konditionierung möglich ist, konfrontierte Mary Cover-Jones den dreijährigen Peter, der eine Phobie gegen Pelztiere hatte, mit Kaninchen und versuchte, seine Gefühle während der Konfrontation durch sein Lieblingsessen zu beeinflussen. Weiterhin erstellten **Dr. Watson und Mary Cover-Jones die erste Entwicklungsübersicht von Babies und Kleinkindern.**

Die Zeit des **Nationalsozialismus** war für die Psychiatrie und Psychologie in Deutschland ein dunkler Abschnitt. Man schätzt, dass wenigstens 250.000 psychisch Kranke und geistig behinderte Menschen Opfer des **Euthanasieprogrammes** wurden. Viele Psychiater wurden gebraucht, um **360.000 Menschen** als psychisch krank oder geistig behindert zu diagnostizieren, um sie einer Zwangssterilisation zu unterziehen. Jüdische und politisch nicht konforme Psychiater und Psychologen wurden verfolgt. Viele flohen aus Deutschland nach USA, Kanada und Großbritannien.

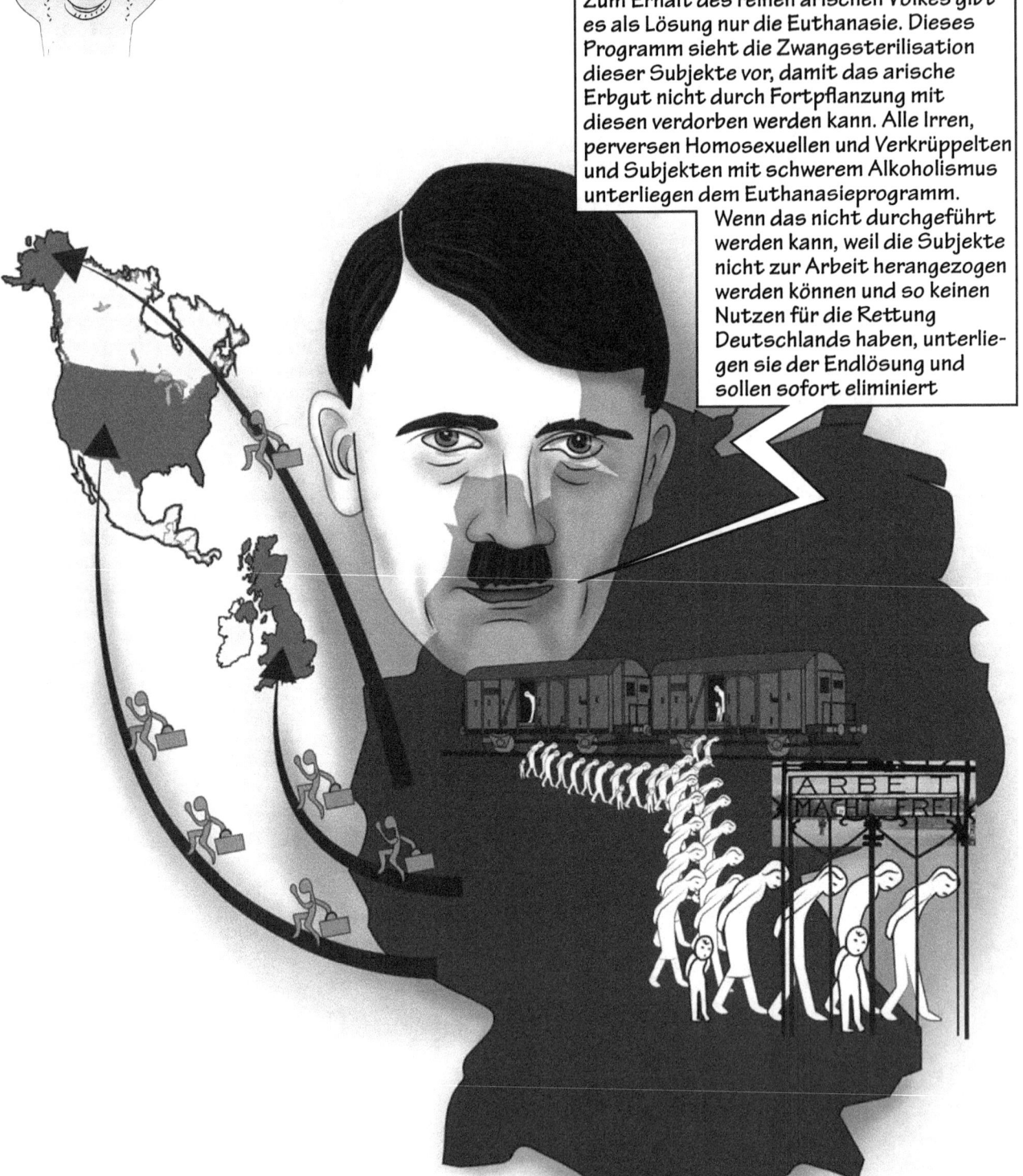

Zum Erhalt des reinen arischen Volkes gibt es als Lösung nur die Euthanasie. Dieses Programm sieht die Zwangssterilisation dieser Subjekte vor, damit das arische Erbgut nicht durch Fortpflanzung mit diesen verdorben werden kann. Alle Irren, perversen Homosexuellen und Verkrüppelten und Subjekten mit schwerem Alkoholismus unterliegen dem Euthanasieprogramm. Wenn das nicht durchgeführt werden kann, weil die Subjekte nicht zur Arbeit herangezogen werden können und so keinen Nutzen für die Rettung Deutschlands haben, unterliegen sie der Endlösung und sollen sofort eliminiert

Das ist das Ergebnis, wenn der Wahnsinn Gesetze macht ... Sind Sie auch so froh, dass Sie umblättern können?

Nach dem 2. Weltkrieg erholte sich die Situation und es entwickelten sich schnell neue Ansätze und Therapien. Nicht alle waren sofort uneingeschränkt brauchbar und manches war umstritten, wie die **Elektroschocktherapie,** die auf Grund ihrer Wirksamkeit bei schweren, besonders therapieresistenten Erkrankungen über Jahrzehnte erforscht und zur **Elektrokonvulsionstherapie (EKT)** modifiziert wurde. Im Laufe von Jahrzehnten wurden ständige technische Verbesserungen, qualitätssichernde Maßnahmen, strenge Sicherheitsbestimmungen und juristische Richtlinien eingeführt...

...natürlich suchte man auch andere Wege und einer führte zur **medikamentösen Behandlung** mit **Psychopharmaka**. Es war ein sanfter Weg über das zentrale Nervensystem, das Fühlen, Denken und die Merkfähigkeit zu beeinflussen. Der Vorteil war, dass häufig ein stationärer Aufenthalt unnötig wurde und die soziale Reintegration in einen selbstbestimmten Alltag und in die Gesellschaft ohne Unterbrechung möglich war.

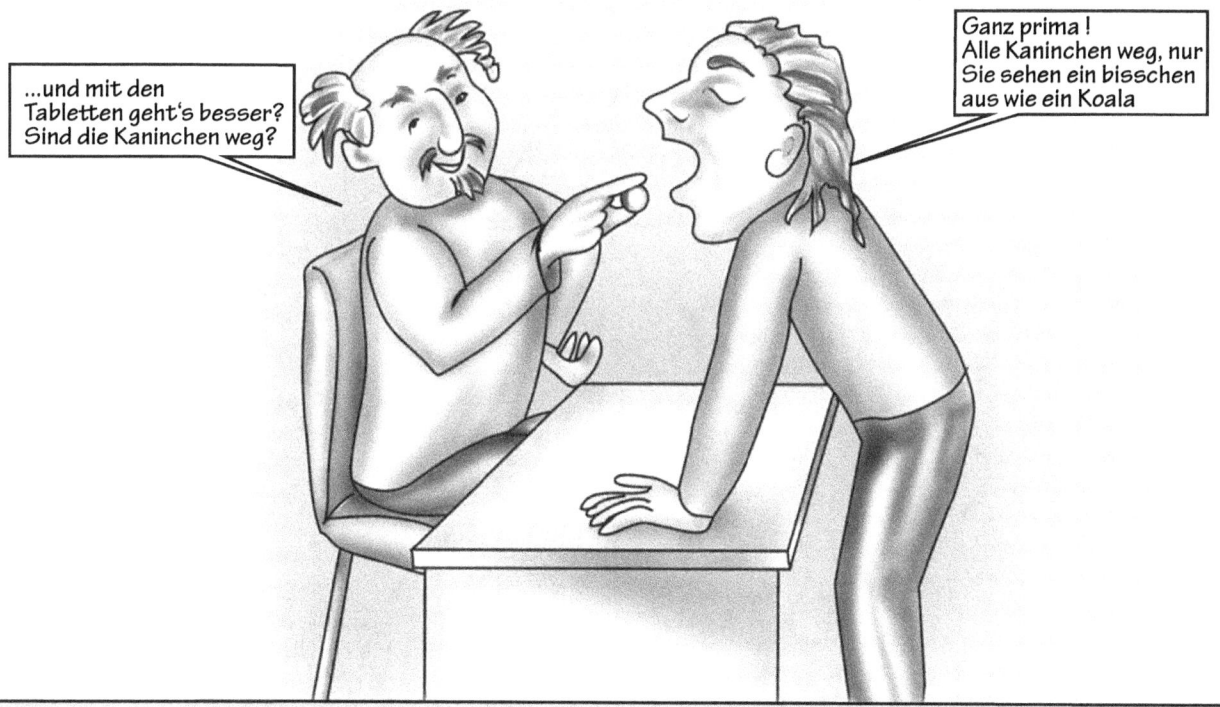

Medikamentenmissbrauch und -abhängigkeit in der deutschen Bevölkerung (18-64 Jahre) 2012:
Männer und Frauen gesamt: Missbrauch 4,61 Mio., Abhängigkeit 2,31 Mio.

Einen Aspekt der **Verhaltenstherapie** stellen **Tokensysteme** da. Sie beruhen auf dem Prinzip der intermittierenden Verstärkung. Sie zielen darauf ab, durch eine positive Verstärkung eine Verhaltensänderung bei psychisch Erkrankten zu erreichen.

Weil sie pünktlich waren, sich gewaschen und gekämmt haben, und Nappi eine halbe Stunde nicht erwähnt haben, bekommen sie von mir heute einen Token!

Kann ich 2 Token haben? Ich muss die immer mit ihm teilen!

Aaron Temkin Beck gilt als Vater der **kognitiven Verhaltenstherapie**. Etwa gleichzeitig mit **Albert Ellis** veränderte er die klassische Verhaltenstherapie und ergänzte sie um kognitive Konzepte, die er vor allem auf die Psychotherapie der **Depression** anwandte. Diese „**Denkfehler**" erklärte er mit der kognitiven Triade. Therapeutisch wird versucht, das Denken zu korrigieren.

Negative Sicht von...

...der Welt

Die Welt ist kalt und es zählen nur Geld, Abschlüsse und Karriere

ICH HABE KEINE CHANCE

ICH BIN LIEBENSWERT

...sich selbst

Ich bin bedeutungslos und kann nichts. Was ich anfasse, geht schief

ICH BIN EIN VERSAGER

WAS ICH TUE, MACHE ICH GUT

...der Zukunft

Am Ende werde ich keine Rente bekommen und verhungern und erfrieren

ICH ENDE ALS BETTLER

ICH WERDE IMMER GENUG ZUM LEBEN HABEN

Carl Ransom Rogers entwickelte die **klientenzentrierte Gesprächstherapie** und baute damit die Humanistische Psychologie aus. Der von Rogers entwickelte klientenzentrierte Ansatz ist heute ein Bestandteil jeder Gesprächsführung in Therapiegesprächen. Die klientenzentrierte Psychotherapie geht davon aus, dass der Mensch eine angeborene „Vervollkommnungstendenz" besitzt, die eine Weiterentwicklung und Reifung der Persönlichkeit anstrebt. Eine Person trägt alles zu ihrer Heilung Notwendige in sich. Sie ist selbst in der Lage, die persönliche Situation zu analysieren und Lösungen für die Probleme zu erarbeiten.

Eine weitere Methode der **Gesprächstherapie** ist die **Systemische Therapie** oder auch **Systemische Familientherapie.** Sie ist eine psychotherapeutische Fachrichtung, die systemische Zusammenhänge und interpersonelle Beziehungen in einer Gruppe als Grundlage für die Diagnose und Therapie von psychischen Beschwerden und interpersonellen Konflikten betrachtet. Die Beobachtung der wechselseitigen Zusammenhänge von Individuen in Gruppen steht bei der systemischen Therapie im Vordergrund.

Psychoanalyse Kapitel 3

Wer hat's erfunden?

Sigismund Freud (6. Mai 1856 - 23. September 1939) gilt als Begründer der Psychoanalyse

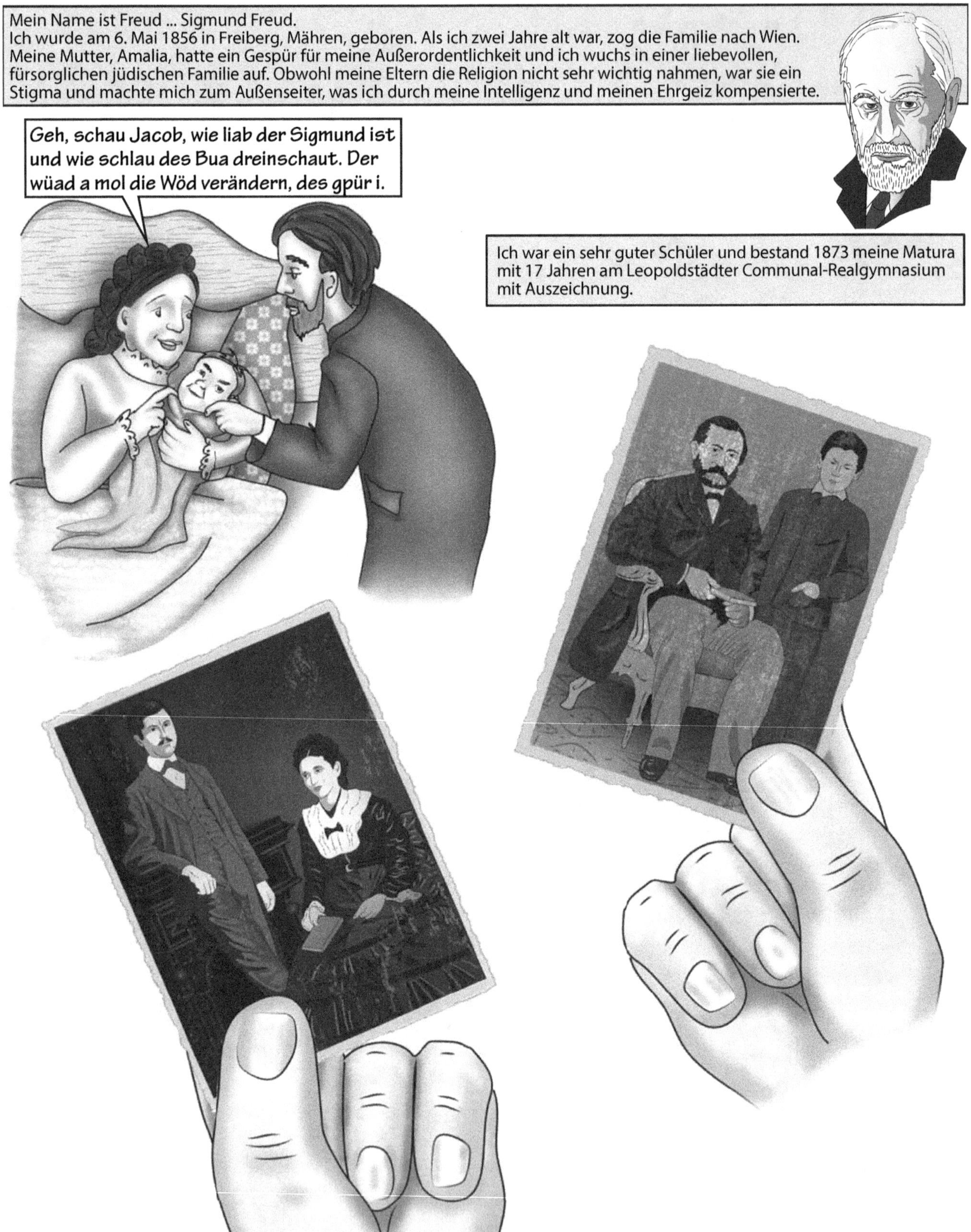

Mein Name ist Freud ... Sigmund Freud.
Ich wurde am 6. Mai 1856 in Freiberg, Mähren, geboren. Als ich zwei Jahre alt war, zog die Familie nach Wien. Meine Mutter, Amalia, hatte ein Gespür für meine Außerordentlichkeit und ich wuchs in einer liebevollen, fürsorglichen jüdischen Familie auf. Obwohl meine Eltern die Religion nicht sehr wichtig nahmen, war sie ein Stigma und machte mich zum Außenseiter, was ich durch meine Intelligenz und meinen Ehrgeiz kompensierte.

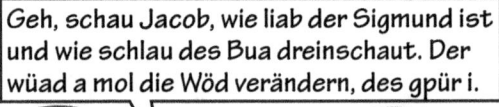

"Geh, schau Jacob, wie liab der Sigmund ist und wie schlau des Bua dreinschaut. Der wüad a mol die Wöd verändern, des gpür i."

Ich war ein sehr guter Schüler und bestand 1873 meine Matura mit 17 Jahren am Leopoldstädter Communal-Realgymnasium mit Auszeichnung.

Erst wollte ich Jura studieren, entschied mich dann aber für ein Medizinstudium, das ich 1873-1881 an der Wiener Universität absolvierte.
1876-1882 hatte ich eine Forschungstätigkeit am Wiener Physiologischen Institut inne.

Bei meinen Patienten, die ich in der Zeit behandelte, fiel mir auf, dass sehr häufig ein Missbrauch in der Kindheit vorlag. In meiner Schrift, "Die Ätiologie der Hysterie" (1886), habe ich an Proben von 12 Patientinnen und 6 Patienten die an Hysterie litten, begründet, welche Art von Missbrauch welche Ausprägung der Hysterie hervorruft. Ich ging davon aus, dass ein Missbrauch in der Kindheit die Ursache für Hysterie ist.

„In der ersten Gruppe handelt es sich um Attentate, einmaligen oder doch vereinzelten Mißbrauch meist weiblicher Kinder von seiten Erwachsener, fremder Individuen (…), wobei die Einwilligung der Kinder nicht in Frage kam und als nächste Folge des Erlebnisses der Schrecken überwog. Eine zweite Gruppe bilden jene weit zahlreicheren Fälle, in denen eine das Kind wartende erwachsene Person – Kindermädchen, Kindsfrau, Gouvernante, Lehrer, leider auch allzu häufig ein naher Verwandter, das Kind in den sexuellen Verkehr einführte und ein, auch nach der seelischen Richtung ausgebildetes, förmliches Liebesverhältnis, oft durch Jahre, mit ihm unterhielt. In die dritte Gruppe endlich gehören die eigentlichen Kinderverhältnisse, sexuelle Beziehungen zwischen zwei Kindern verschiedenen Geschlechtes, zumeist zwischen Geschwistern, die oft über die Pubertät hinaus fortgesetzt werden und die nachhaltigsten Folgen für das betreffende Paar mit sich bringen. (…) Wo ein Verhältnis zwischen zwei Kindern vorlag, gelang nun einige Male der Nachweis, daß der Knabe – der auch hier die aggressive Rolle spielt – vorher von einer erwachsenen weiblichen Person verführt worden war. *"

* Aus Freuds Werk: Ätiologie der Hysterie

Ich bin daher geneigt anzunehmen, dass ohne vorherige Verführung Kinder den Weg zu Akten sexueller Aggression nicht zu finden vermögen

BUUHH BUUHH   unverschämt!   Scharlatan!   Anmaßung!

Dieser Vortrag brachte mir nicht den gewünschten Ruhm. Aber ich hörte nicht auf weiter zu forschen und fand Unterstützung bei meinem Brieffreund Wilhelm Fließ.

„Ich habe die Verliebtheit in die Mutter und die Eifersucht gegen den Vater auch bei mir gefunden und halte sie jetzt für ein allgemeines Ereignis früher Kindheit"

15. Oktober 1897
Mein lieber Freund Wilhelm Fließ!
Ich bin unfähig, auch nur eine einzige Analyse zu einem wirklichen Abschluss zu bringen und es fehlt der Nachweis eines vollständigen Erfolges. Auch bin ich überrascht, dass in allen Fällen der Vater der Perversion bezichtigt werden müsste, um meine Theorie aufrechtzuerhalten. Die Häufigkeit der Hysterie scheint unmöglich eine Entsprechung an Häufigkeit von Perversion gegenüber Kindern zu haben.
Deshalb habe ich den Ansatz der Verführungstheorie verworfen und in sein Gegenteil verkehrt:
Jetzt erwäge ich, dass die außer Kontrolle geratenen Phantasien des Kindes über seine Eltern der Ursprung zahlreicher Störungen sind.
Nach selbstanalytischen Betrachtungen nenne ich die These **„Ödipus-Komplex"**: Er postulierte das Phänomen unbewusster libidinöser Bindungen an die eigene Mutter bei einem gleichzeitigen Rivalitätsverhältnis zum Vater.

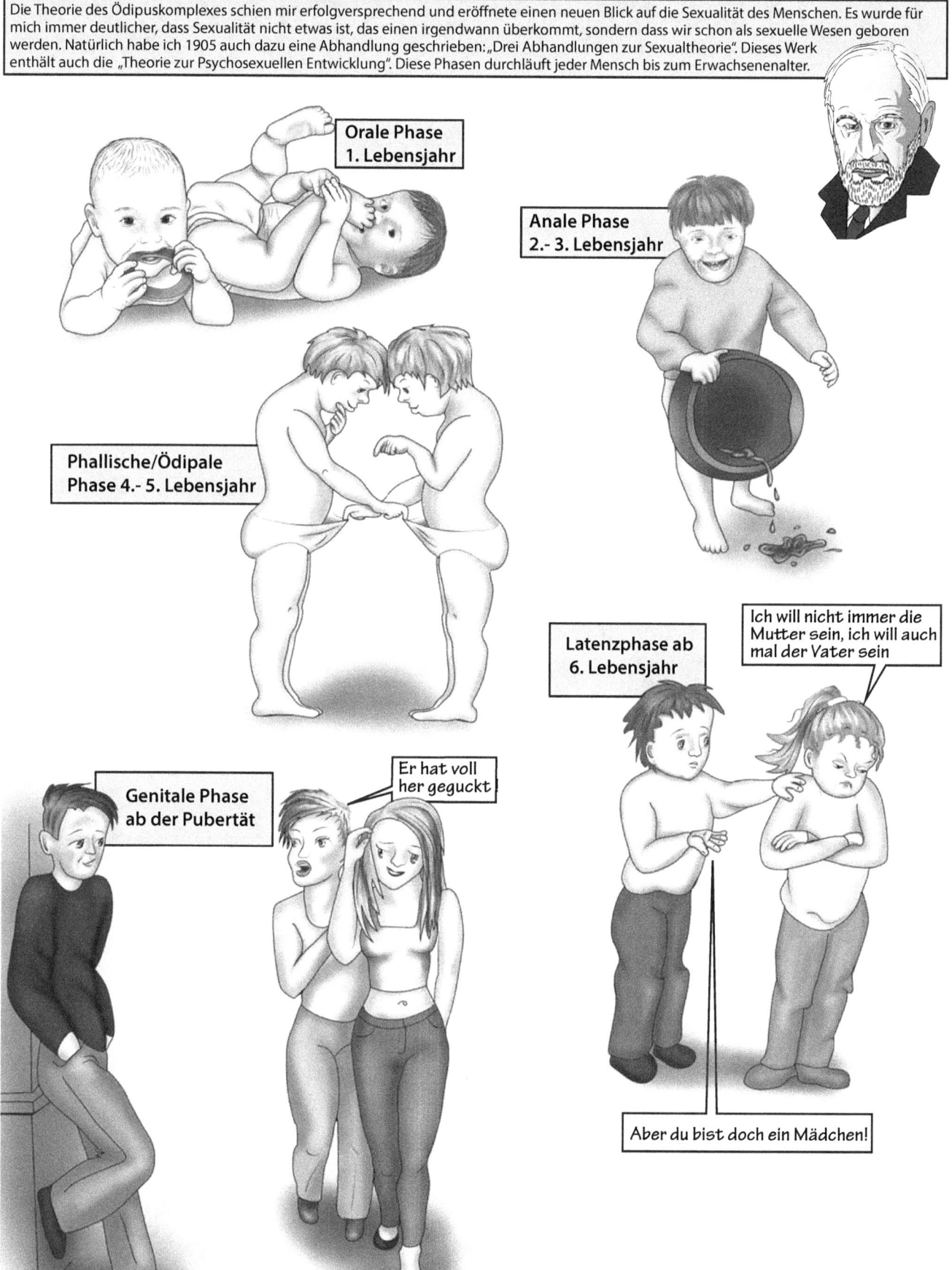

Ein weiterer entscheidender Beitrag zur Psychologie war meine Entwicklung des 2. Strukturmodels. Ich erkannte das **ICH** als zentrale zu entwickelnde Energie der Psyche, das **ÜBERICH** als Modulator und das **ES** als Indikator.
In meinem Werk "Das Ich und das Es" veröffentlichte ich 1923 die Zusammenhänge dieser drei Teile der Psyche.

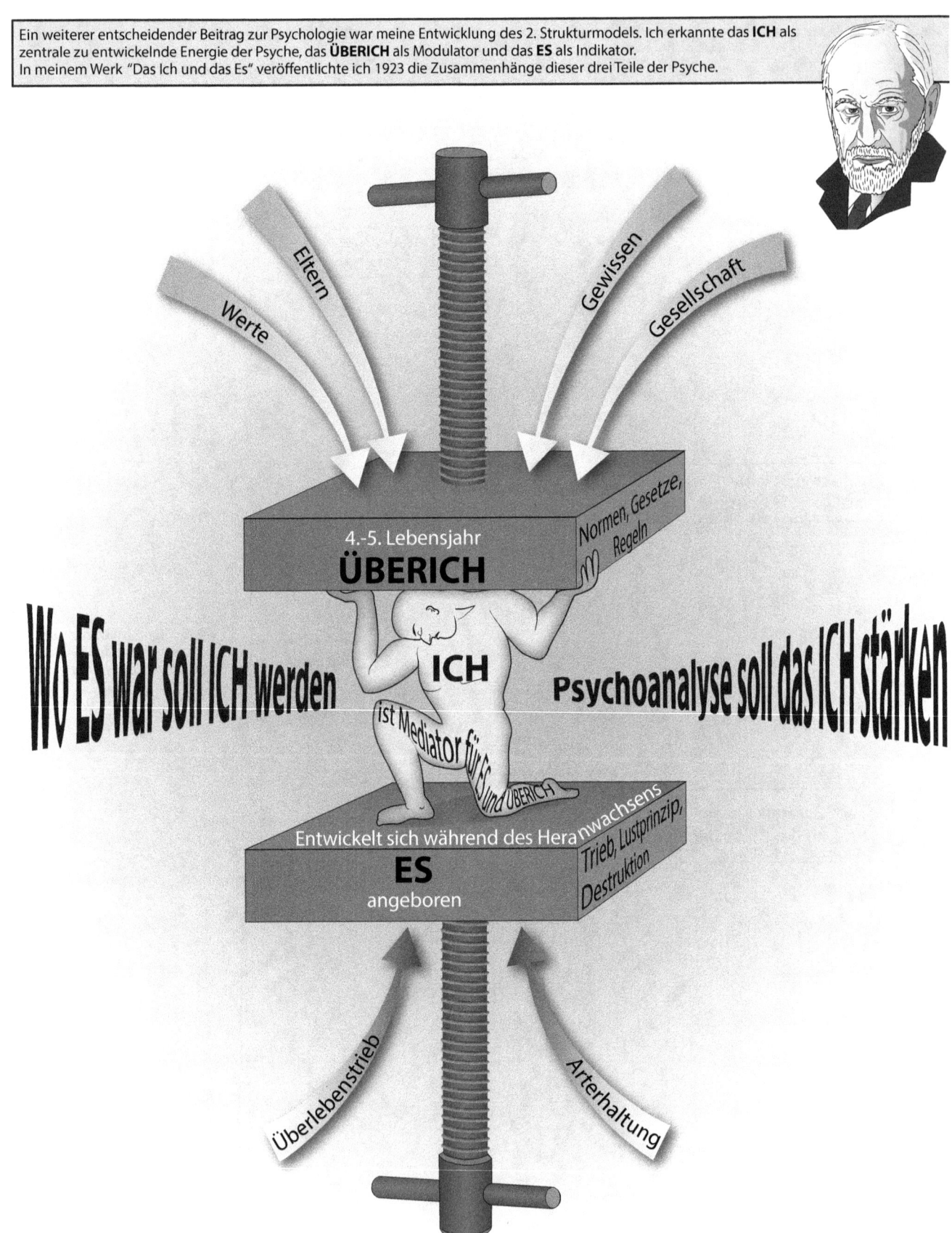

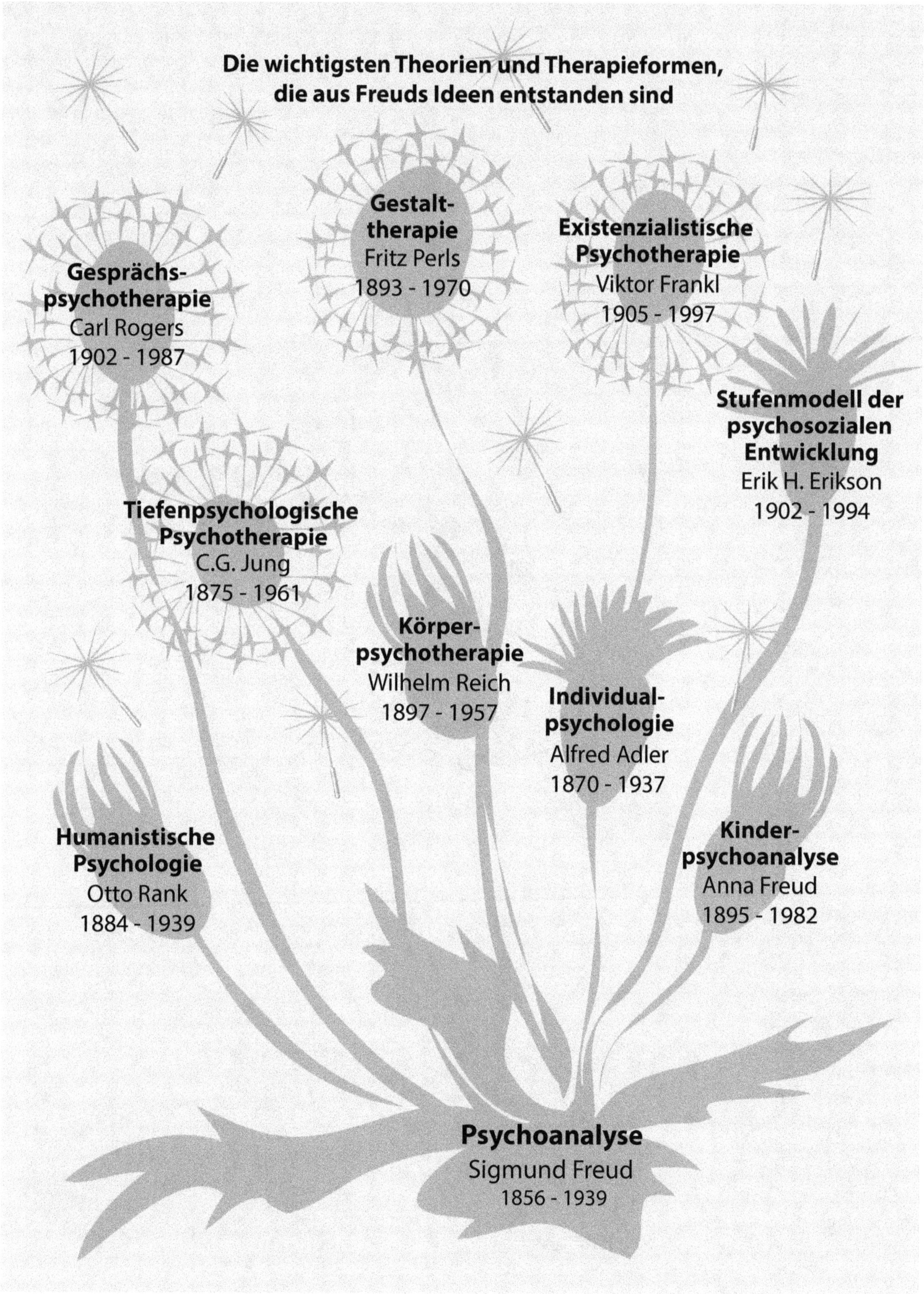

Die wichtigsten Theorien und Therapieformen, die aus Freuds Ideen entstanden sind

Gesprächs-psychotherapie
Carl Rogers
1902 - 1987

Gestalt-therapie
Fritz Perls
1893 - 1970

Existenzialistische Psychotherapie
Viktor Frankl
1905 - 1997

Stufenmodell der psychosozialen Entwicklung
Erik H. Erikson
1902 - 1994

Tiefenpsychologische Psychotherapie
C.G. Jung
1875 - 1961

Körper-psychotherapie
Wilhelm Reich
1897 - 1957

Individual-psychologie
Alfred Adler
1870 - 1937

Humanistische Psychologie
Otto Rank
1884 - 1939

Kinder-psychoanalyse
Anna Freud
1895 - 1982

Psychoanalyse
Sigmund Freud
1856 - 1939

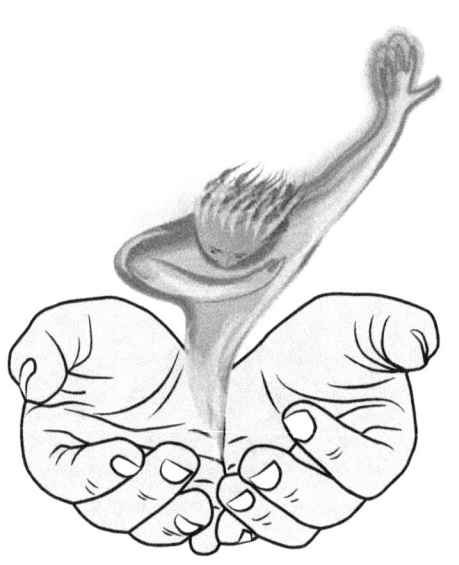

Das Milgram-Experiment

Der Sozialpsychologe Stanley Milgram (1933-1984) führte 1961 das Gehorsamkeitsexperiment durch!

1961, New Haven, USA:

In mehreren Zeitschriften war diese Anzeige zu lesen:

Öffentliche Bekanntmachung

WIR ZAHLEN IHNEN $4.00 FÜR EINE STUNDE IHRER ZEIT

Es werden Personen gesucht für eine Studie zur Merkfähigkeit

*Wir bezahlen fünfhundert Personen aus New Haven, die uns helfen, eine wissenschaftliche Studie zur Lern- und Merkfähigkeit abzuschließen. Die Studie wird an der Yale-Universität durchgeführt.

* Jede Person, die teilnimmt, erhält $ 4.00 (plus 50 ct Fahrgeld) für ungefähr eine Stunde ihrer Zeit. Wir brauchen Sie für nur eine Stunde; es gibt keine weiteren Verpflichtungen. Sie wählen den Tag, an dem Sie kommen möchten (abends, wochentags oder am Wochenende).

*Es werden keine speziellen Fähigkeiten, Ausbildung oder Erfahrung benötigt. Wir suchen:

Fabrikarbeiter	Geschäftsmänner	Bauarbeiter
Beamte	Angestellte	Verkäufer
Lohnempfänger	Fachkräfte	Weißkittel
Friseöre/Frisösinnen	Telefonisten/innen	Andere

Alle Personen müssen zwischen 20 und 50 Jahre alt sein. Hochschulabsolventen und Studenten werden nicht gebraucht.

* Falls die Voraussetzungen auf Sie zutreffen, füllen Sie das Anmeldeformular unten aus und senden es an Professor Stanley Milgram, Abteilung Psychologie, Yale-Universität, New Haven. Sie werden später über die genaue Zeit und den Ort der Studie informiert. Wir behalten uns das Recht vor, Anmeldungen abzulehnen.

*Sie erhalten $ 4.00 (und 50 ct Fahrgeld), sobald sie am Versuchslabor eintreffen.

AN:
PROF. STANLEY MILGRAM, ABTEILUNG FÜR PSYCHOLOGIE
YALE UNIVERSITÄT, NEW HAVEN, CONNETICUT. Ich möchte an der Studie zur Merk- und Lernfähigkeit teilnehmen. Ich bin zwischen 20 und 50 Jahre alt. Ich erhalte $ 4.00 (und 50 ct Fahrgeld) für meine Teilnahme.

NAME (bitte Druckbuchstaben)..
ADRESSE..am besten erreichbar..............
TELEFON...GESCHLECHT.............
ALTER.............BERUF..
WANN KÖNNEN SIE KOMMEN:
WOCHENTAG................ABENDE..............WOCHENENDE.............

* 4,- Dollar 1961 ~ 33,- Dollar 2017

1961 - New Haven - USA - Department of Psychology, Yale University.

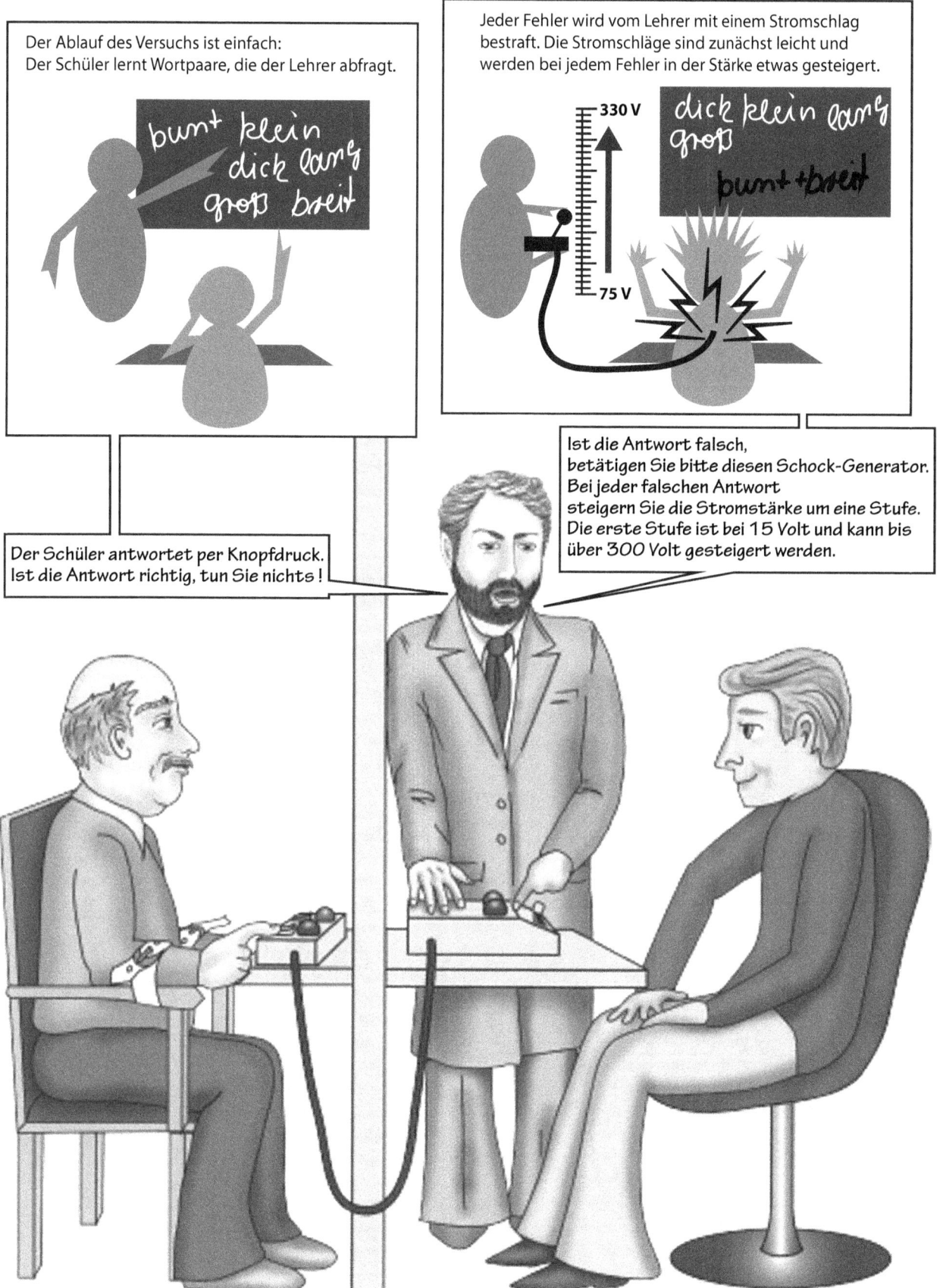

Nach der Einführung startet das Experiment...

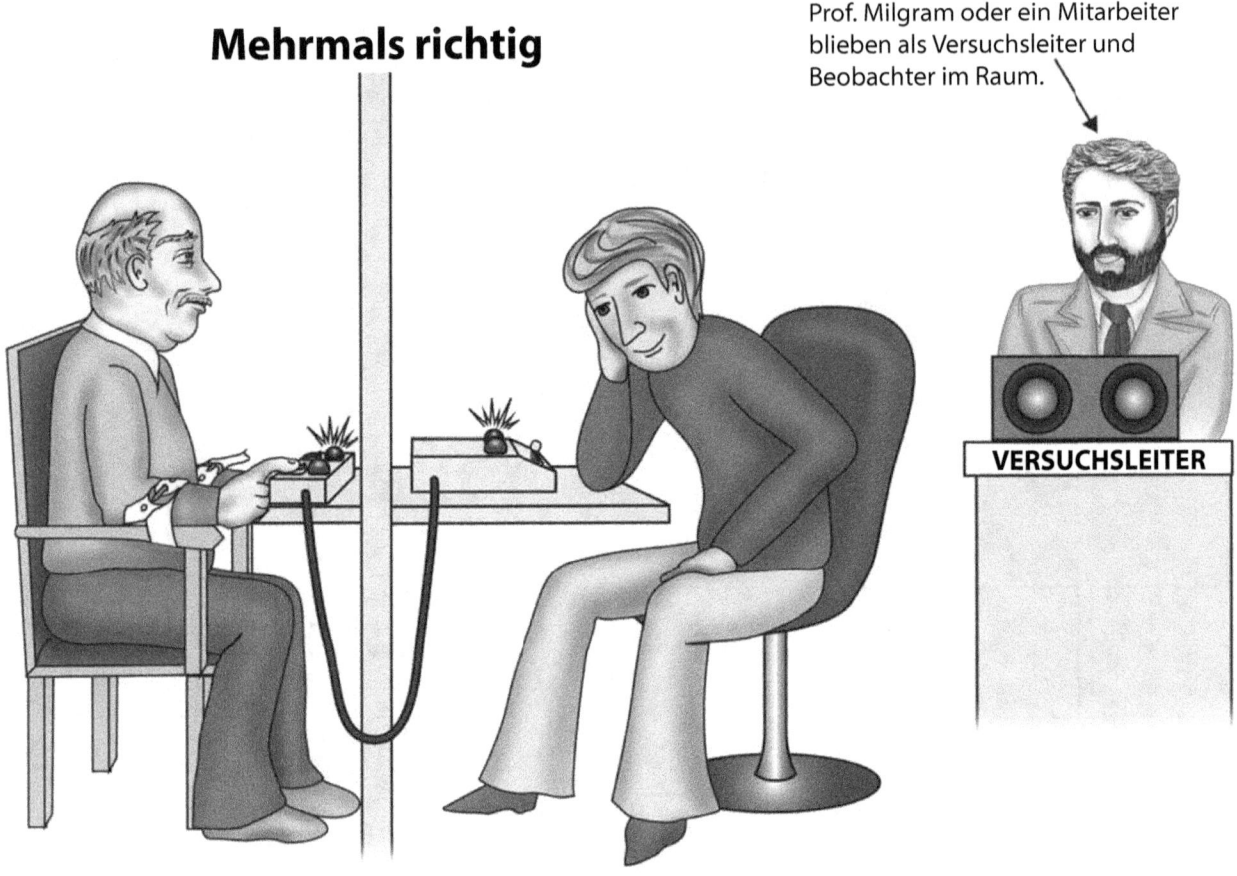

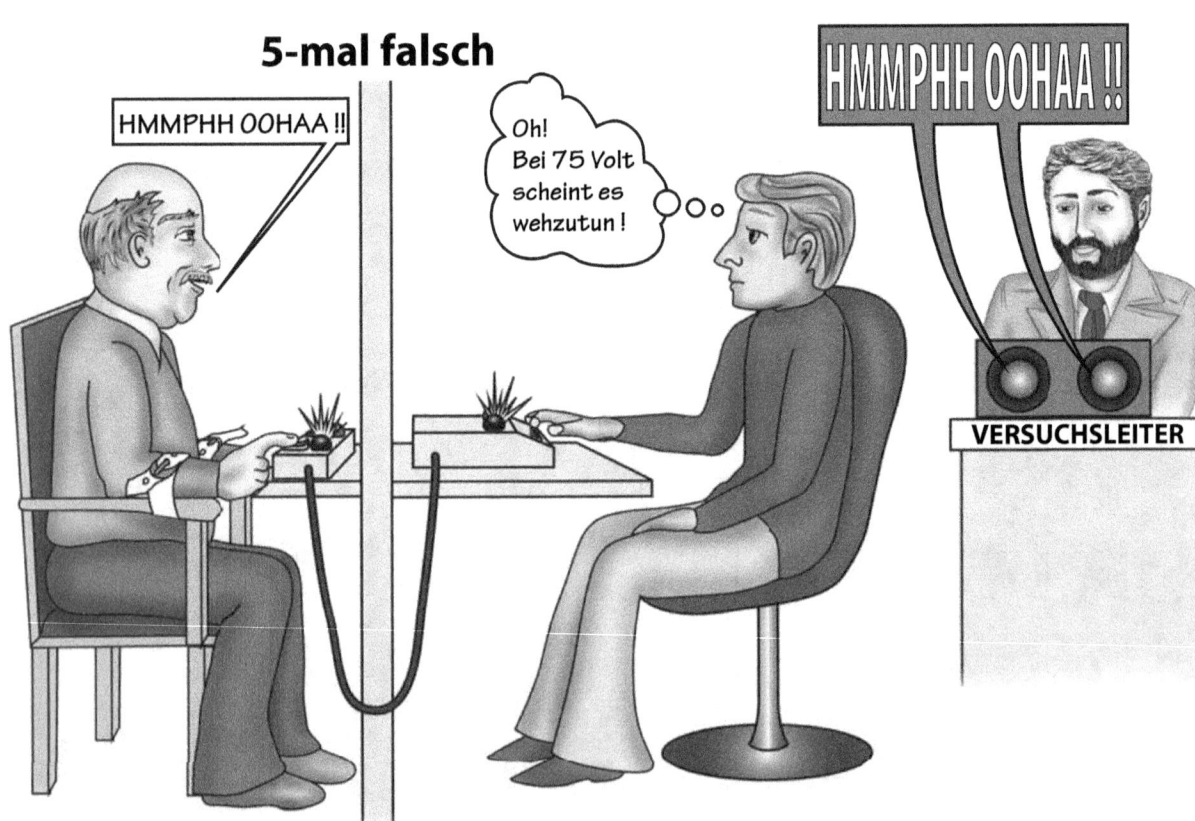

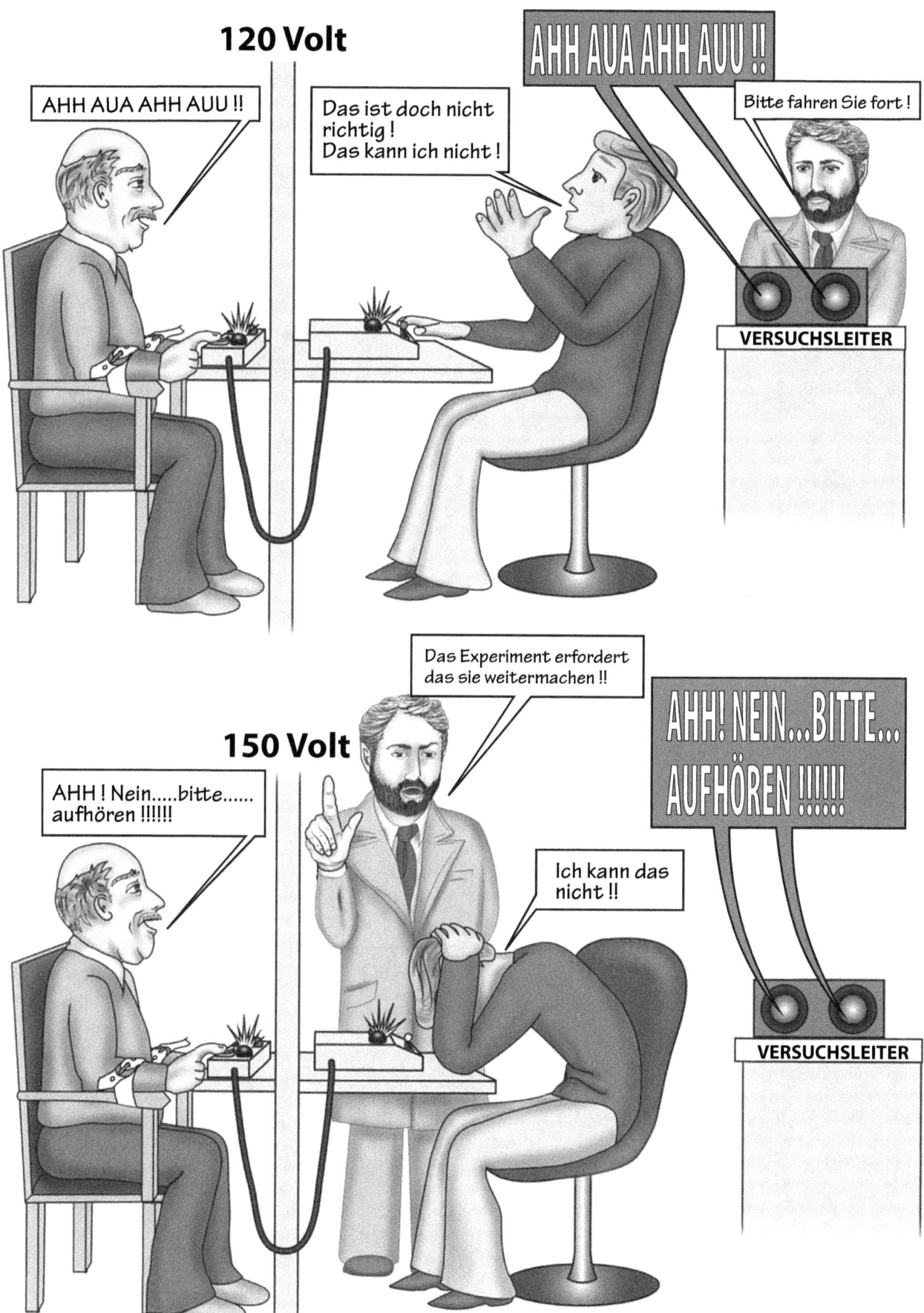

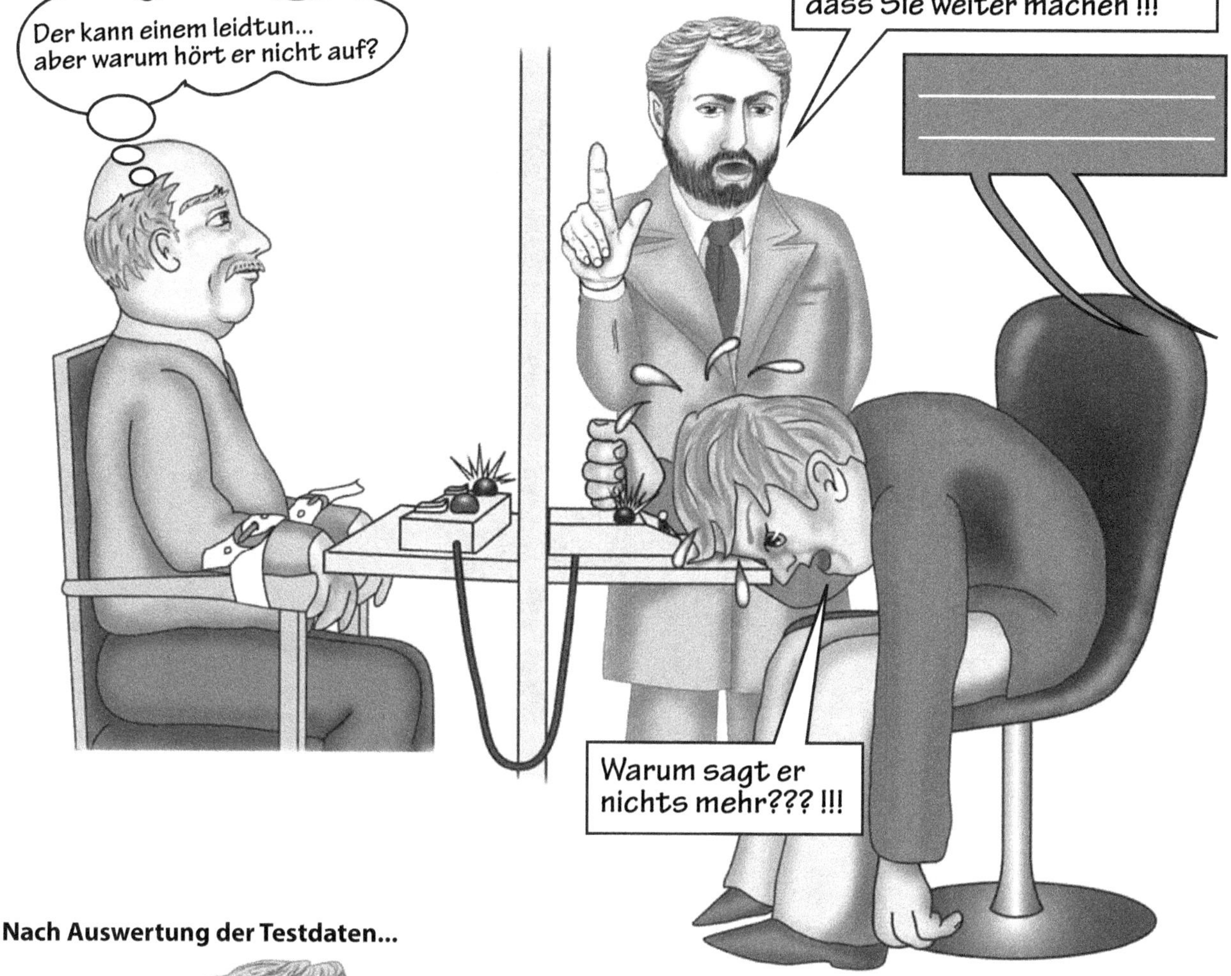

Das „Gehorsamkeitsexperiment" gehört zu den herausragenden Experimenten der Psychologie. Prof. Stanley Milgram (1933-1984) führte es vor dem Hintergrund der Geschehnisse in Europa während der Herrschaft der NSDAP durch. Es war der Versuch, das Phänomen Gehorsamkeit gegenüber Autoritäten zu erklären.
Das Experiment wurde noch in anderen Ländern durchgeführt mit fast identischen Ergebnissen. Prof. Milgram und sein Team führten das Experiment in unterschiedlichen Anordnungen durch, aber der Anteil der „Gehorsamen" war immer höher als der Anteil der „Verweigerer".
Durch dieses Experiment erntete Prof. Milgram zunächst viel Anerkennung und erhielt mehrere begehrte Auszeichnungen und Preise.
Aber das Bewusstsein der Menschen änderte sich und Prof. Milgram geriet wegen des Experiments, dem nun menschenverachtende Tendenzen anhafteten, weil er die Versuchspersonen in eine Situation der psychischen Notlage brachte, in Verruf.
Ihm wurden Preise und Auszeichnungen wieder aberkannt und es kostete ihm die zugesagte Anstellung an der Harvard-Universität.

Die Rosenthal-Experimente

Pygmalion war in der griechischen Mythologie König von Zypern und Bildhauer, der seine Statuen wie echte Menschen behandelte und sich in eine verliebte. Schließlich flehte er die Göttin der Liebe Venus an, sie möge ihm eine Frau wie die Statue schenken, woraufhin diese real geworden sein soll.

1963 starteten **Robert Rosenthal und J.K. Fode** ein Experiment zur Analyse, welchen Einfluss der Versuchsleiter in psychologischen Experimenten auf das Verhalten von "Versuchspersonen" oder auch Versuchstieren hat.
R. Rosenthal beobachtete, dass wir dazu neigen, den an uns gestellten Erwartungen gerecht zu werden, wenn wir so behandelt werden, als seien wir dazu fähig. Dieser Effekt wurde als Rosenthal- oder Pygmalion-Effekt bekannt.

Meine Damen und Herren, ich habe Sie gebeten, an einem Experiment teilzunehmen, bei dem die Lernfähigkeit von Ratten getestet wird.

Ich brauche 12 Studenten, die bereit sind, sich 5 Tage intensiv um jeweils 5 Ratten zu kümmern.

Das Experiment war so aufgebaut, dass die Studenten in 2 Gruppen eingeteilt wurden. Jedem Studenten wurden 5 wahllos ausgewählte Ratten zugeteilt. An 5 Tagen mit je 10 Testläufen pro Versuchsleiter sollten die Versuchstiere (60 Albino-Ratten) lernen, in einem einfachen Labyrinth den richtigen Weg zur Futterstelle zu wählen.
6 Versuchsleitern wurde die Information gegeben, ihre Ratten seien aus einer Zucht, die nur aus besonders lernfähigen Ratten besteht und somit besonders schlau.
Den anderen 6 Versuchsleitern wurde gesagt, dass die Ratten sich bisher als besonders dumm und lernunfähig erwiesen hatten.

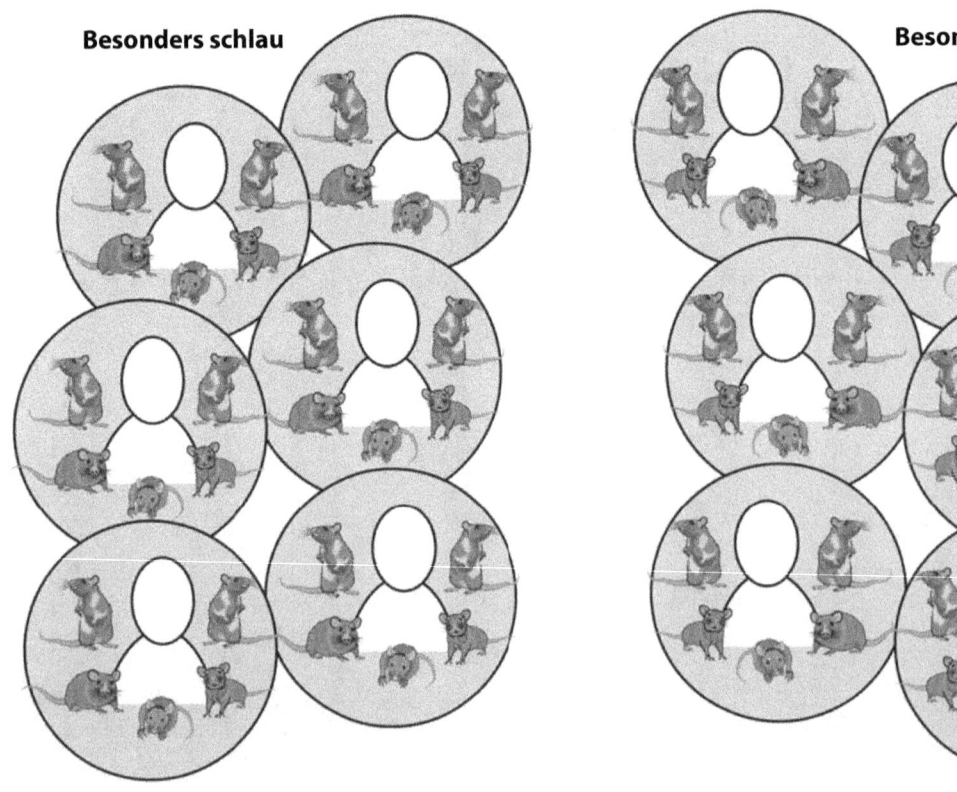

Besonders schlau — **Besonders dumm**

Die vermeintlich klugen Ratten waren den angeblich dummen Ratten tatsächlich überlegen. Ab dem 4. Tag steigerten sich die „klugen" Ratten noch weiter und die „dummen" fielen in ihren Leistungen ab.

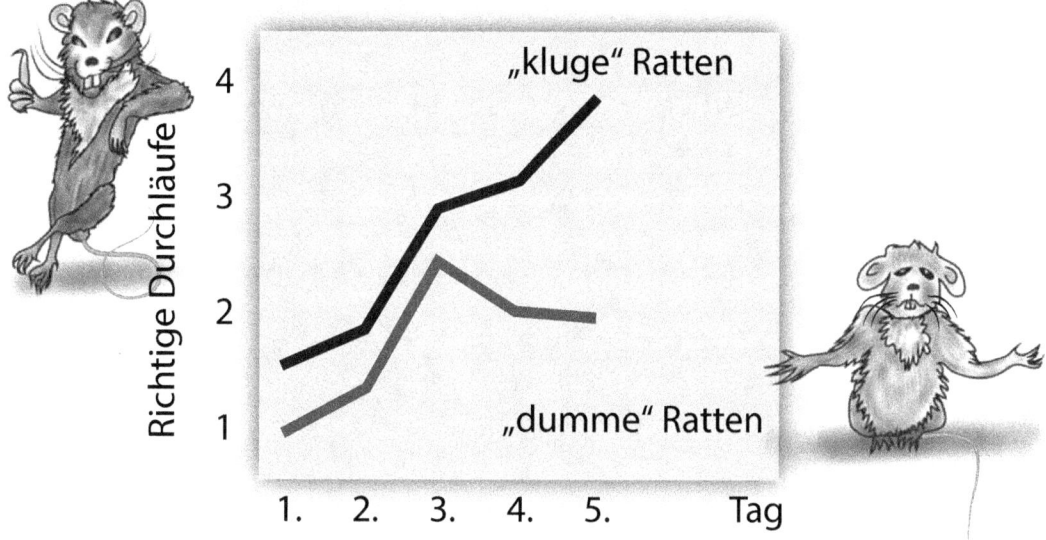

Aus einer Befragung der Studenten nach dem Experiment war zu erkennen, dass sich die Ratten entsprechend den Erwartungen ihrer Versuchsleiter verhielten: Die Versuchsleiter mit vermeintlich "klugen" Ratten beurteilten ihre Versuchstiere wesentlich positiver und behandelten sie liebevoller, als Versuchsleiter mit vermeintlich "dummen" Ratten dies taten.

Auch die Studenten haben sich gemäß den Erwartungen von Rosenthal und Fode verhalten.

Nachdem im Rattenexperiment festgestellt wurde, dass Versuchsergebnisse von den Erwartungen des Versuchsleiter beeinflusst werden, versuchte Robert Rosenthal herauszufinden, ob das Ergebnis auf Menschen übertragbar war.

Diese 2. Klasse war eine von mehreren Grundschulklassen, die ich zu einem Intelligenztest einlud. Den Lehrern wurde nicht das echte Ergebnis mitgeteilt.

Unabhängig vom Ergebnis des Intelligenztests wurde jeder fünfte Schüler ausgewählt und dessen Name an die Lehrer als besonders begabt und für berechtigte Hoffnung auf hervorragende Leistungen prädestiniert weitergegeben.

Der "Rosenthal-Effekt"

Beeinflussung des Ergebnisses durch die Erwartungen des Experimentators ist bei menschlichen "Versuchsobjekten" noch wesentlich ausgeprägter als im Tierexperiment.

Rosenthal testete zu Beginn eines Schuljahres alle Kinder der 18 Klassen einer Schule.

Dann gab er den Lehrern die Namen einzelner Schüler, die dem Testergebnis zufolge eine "ungewöhnlich gute schulische Entwicklung" nehmen sollten (insgesamt 20% der Schüler). Die Namen der "Hochbegabten" waren wiederum streng nach dem Zufallsprinzip ausgewählt.

In den höheren Schulklassen hatte die Lehrererwartung nur einen geringen Einfluss auf die Leistung der Schüler, in den unteren Klassen war der Effekt jedoch enorm.

Dieses Ergebnis wird darauf zurückgeführt, dass sich die Lehrer der höheren Klassen schon einen eigenen Eindruck geschaffen hatten. Bei den jüngeren Schülern waren die Lehrer unvoreingenommener.

Am Ende des Schuljahres hatten die vermeintlich "Hochbegabten" nach einem erneuten Leistungstest einen großen Vorsprung gegenüber den anderen Schülern. Die Tendenz psychologischer Testergebnisse, die Umwelt des Getesteten so zu beeinflussen, dass die "Test-Prophezeiung" auch wirklich eintritt, wird **"sich selbst erfüllende Prophezeiung" = "self-fulfilling prophecy"** genannt, ist aber nur ein Teil des "Rosenthal-Effekts".

Sozialpsychologie III — Kapitel 6

Mehrheiten-Minderheiten-Experimente

Um die Beeinflussung von Menschen in Gruppen ging es 1935 Muzafar Sherif. Er benutzte dazu den **autokinetischen Effekt**, ein Phänomen, das den Eindruck einer Bewegung vermittelt, wenn man in einem dunklen Raum einen hellen Fleck beobachtet. Jeder Mensch hat eine individuelle Wahrnehmung, die sich für diese Person nicht ändert. Am ersten Tag waren die Personen allein im Raum und sollten die Intensität der Bewegung 100-mal auf einer Skala von 1-8 einschätzen.

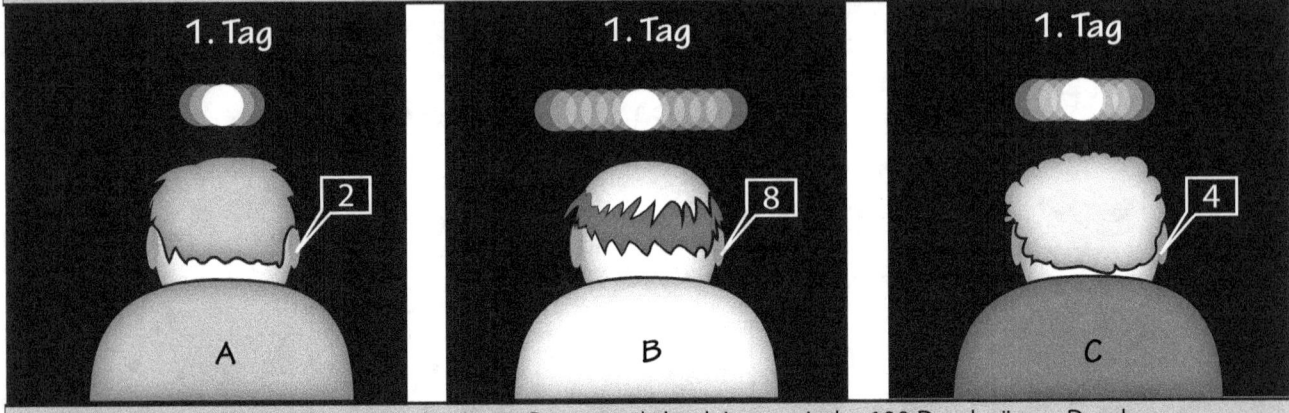

2. + 3. Tag: Die drei Personen sitzen in einem Raum und absolvieren wieder 100 Durchgänge. Der daraus resultierende Mittelwert ergibt das Gruppenergebnis.

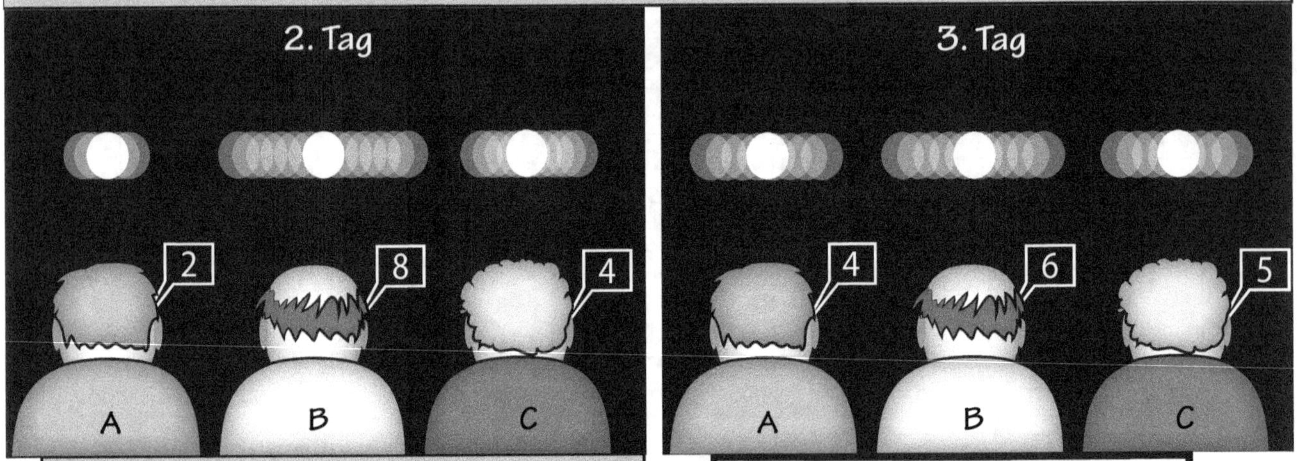

Am Ende des 4. Tages nennen alle dasselbe Ergebnis.

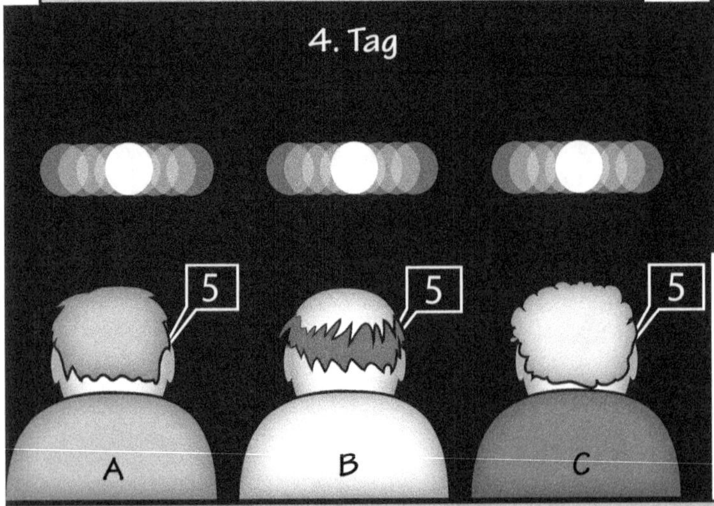

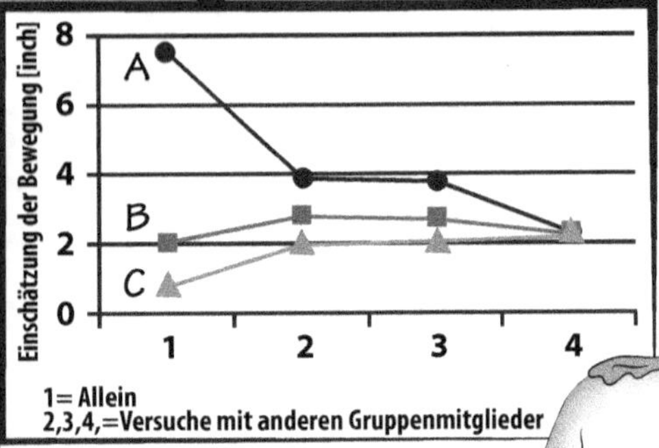

1= Allein
2,3,4,=Versuche mit anderen Gruppenmitglieder

Fazit: Da es sich um eine vieldeutige Situation handelt, nutzen die Versuchspersonen die anderen Anwesenden als Informationsquelle, weil sie glauben, dass die Gruppenschätzung die richtige sei. Das heißt, **es kommt zu privater Akzeptanz**.

Im umgekehrten Versuch wurde mit mehreren Personen in einem Raum begonnen. Nachdem diese einen gemeinsamen Wert ermittelt hatten, wurde die Bewegung im Versuch mit einer Person mit dem gemeinsamen Wert wahrgenommen und änderte sich nicht mehr.

Der Psycho-Comic Sozialpsychologie III. Mehrheiten-Minderheiten

Solomon Asch führte **1951** das **Konformitätsexperiment** durch. Sein Ziel war es herauszufinden, wie ein normativer sozialer Einfluss eine Einzelperson beeinflusst und wie weit sich diese Person konform verhält.
Eine Person wird gebeten, Linien miteinander zu vergleichen und die zu benennen, die mit einer der Ursprungslinien übereinstimmt. Die Linien unterscheiden sich deutlich.

Richtige Antworten :

100 %

Dann findet der Test in einer Gruppe statt. Außer der Versuchsperson befinden sich nur eingeweihte Mitarbeiter des Versuchsleiters im Raum. Die ersten Antworten werden richtig geäußert, dann werden von den Mitarbeitern bewusst ausschließlich falsche Aussagen getroffen.

Die Versuchsperson passte sich schließlich der Meinung der Gruppe an, auch wenn es nicht ihre Meinung war. In den Versuchen mit unterschiedlichen Personen erfolgte eine Anpassung von 76%.

Als den Versuchspersonen die Möglichkeit gegeben wurde anonym durch schriftliche Aufzeichnung ihre Einschätzung abzugeben, waren ihre Antworten wieder richtig.

Die Versuchspersonen passen sich aufgrund des normativen Drucks der Mehrheitsmeinung an. Das heißt, es kommt zu öffentlicher Compliance, ohne das Ergebnis für das richtige zu halten (keine private Akzeptanz).

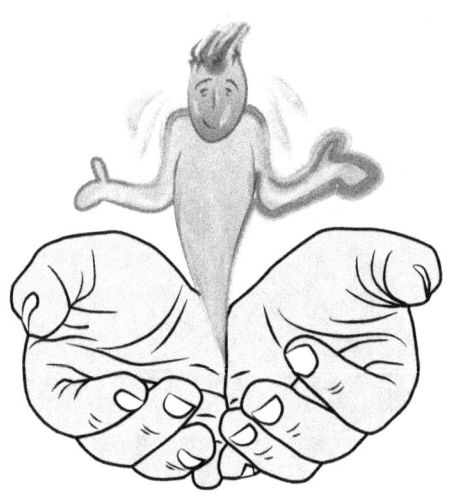

Sozialpsychologie IV

Soziale Identität und Rollen
Das „Robbers-Cave-Experiment"

Ein weiteres Experiment, das **Muzafer Sherif** bereits **1949** durchführte, war das **„Robbers-Cave-Experiment"**. Auch hier ging es um Anpassung und Gruppendynamik. Sherif versuchte herauszufinden wie man Spannungen und Feindseligkeit unter Menschen abbauen kann.
Dazu musste er jedoch erst Spannung und Feindseligkeit aufbauen und deshalb bekamen 22 Jungs einen Aufenthalt im Ferienlager geschenkt.

Liebe Kinder! Wir werden viele Spiele und Wettbewerbe machen, deshalb ruft der Herr Sherif jetzt eure Namen auf und die erste Gruppe, das sind die Wölfe, stellt sich zu dem Wolfsbanner.

Die anderen sind die Klapperschlangen und stellen sich zum Schlangenbanner.

Die Banner sind das Zeichen eurer Gruppe und ihr müsst sie zu allen Spielen mitbringen.

Um wieder Einigkeit zwischen den Gruppen herzustellen, implementierte der Versuchsleiter ein Problem, das alle betraf und nur gemeinsam gelöst werden konnte.

Sozialpsychologie V — Kapitel 8

Soziale Identität und Rollen
Das „Stanford-Prison-Experiment"

Auch **Philipp Zimbardo** erforschte die Auswirkungen, die eine bestimmte Rollenzuschreibung auf unser Verhalten hat. Mit seinem **Stanford-Prison-Experiment** schaffte er es auf Platz 1 der unethischsten Experimente der Sozialpsychologie. Dabei war seine Idee relativ harmlos: Er wollte herausfinden, ob gute Menschen immer gut sind oder ob sie sich in extremen Situationen verändern. 1971 kam es in den USA vermehrt zu Häftlingsrevolten, die teilweise blutig beendet wurden und in der Bevölkerung zu kontroversen Diskussionen führten. Diese Anlässe inspirierten Zimbardo zu seinem Experiment.

An einem ruhigen Sonntagmorgen im August durchkämmte in Palo Alto, Kalifornien, ein Polizeiauto die Stadt, um im Zuge einer Massenverhaftung Studenten festzunehmen, die sich zuvor bereit erklärt hatten an einem Experiment teilzunehmen. Ihnen wurde vorgeworfen, einen "bewaffneten Raubüberfall" bzw. einen "Einbruch" verübt zu haben.

Jeder der Verdächtigten wurde mit dem üblichen Prozedere, Verlesen der Rechte, Leibesvisitation und Anlegen der Handschellen, meistens unter den Blicken der erschrockenen Familien und überraschten, neugierigen Nachbarn, verhaftet.

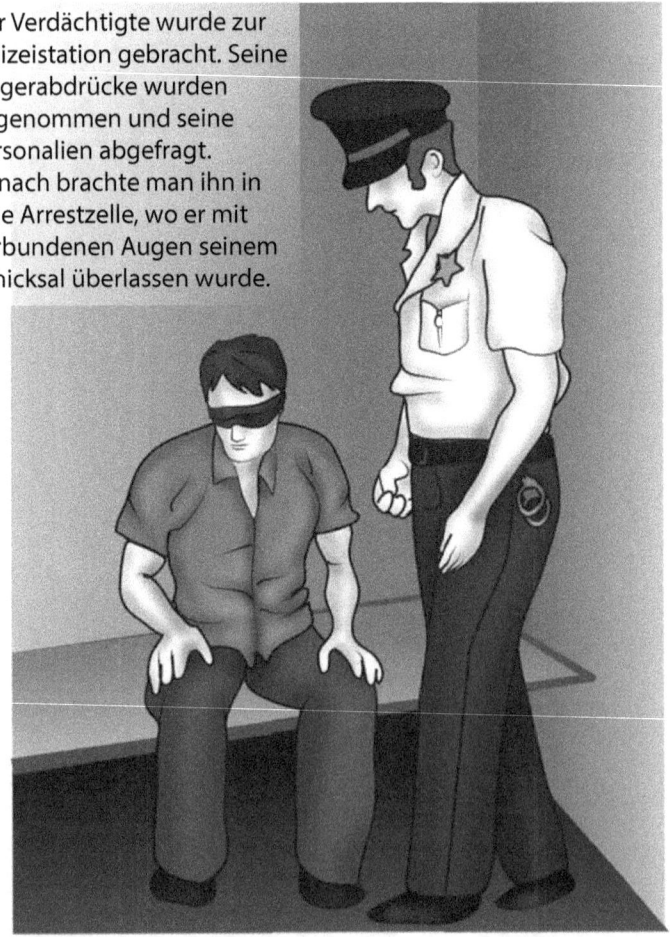

Der Verdächtigte wurde zur Polizeistation gebracht. Seine Fingerabdrücke wurden abgenommen und seine Personalien abgefragt. Danach brachte man ihn in eine Arrestzelle, wo er mit verbundenen Augen seinem Schicksal überlassen wurde.

Wir wollten herausfinden, welche psychischen Auswirkungen es hat, ein Gefangener oder ein Strafvollzugsbeamter zu sein. Deshalb entschlossen wir uns, ein Gefängnis nachzustellen und sorgfältig zu beobachten, welche Effekte diese Einrichtung auf das Verhalten aller sich innerhalb ihrer Mauern befindenden Menschen hat.

* Die hauptsächliche Quelle, für Bild und Textmaterial, zum Stanford-Prison-Experiment ist:
http://www.prisonexp.org/deutsch/
© 1999-2015, Philip G. Zimbardo

Immer noch mit verbundenen Augen und im Zustand eines leichten Schocks angesichts der überraschenden Verhaftung durch die örtliche Polizei wurden die Gefangenen in ein Auto geladen und zum "Stanford County Jail" gefahren. Die Gefangenen wurden dann einzeln in unser Gefängnis gebracht und dort durch den stellvertretenden Anstaltsleiter begrüßt, der sie auf die Ernsthaftigkeit ihrer Vergehen und ihres neuen Status als Gefangene hinwies.

Durch eine kleine Öffnung an einem Ende des Flures konnten wir Videoaufzeichnungen und Tonbandaufnahmen der Ereignisse machen. Auf der den Zellen gegenüberliegenden Korridorseite befand sich ein kleiner Wandschrank, der den Namen "das Loch" erhielt und als Isolierzelle diente. Er war dunkel und sehr eng, ungefähr 62 cm breit und 62 cm tief, aber groß genug, damit ein "böser Gefangener" darin aufrecht stehen konnte.
Eine Gegensprechanlage erlaubte es uns, die Zellen heimlich abzuhören, um die Gespräche der Gefangenen zu überwachen und allgemeine Durchsagen für die Gefangenen zu machen. Es gab weder Fenster noch Uhren und damit keine Möglichkeit, die verstrichene Zeit zu beurteilen, was später bei einigen Gefangenen zu einer Verzerrung des Zeitgefühls führte.

Demütigung
Jeder Gefangene wurde systematisch durchsucht und musste sich vollständig entkleiden. Dann wurde er mit einem Spray entlaust. So sollte ihm vermittelt werden, dass wir es für möglich hielten, dass er Krankheitserreger oder Läuse hat.

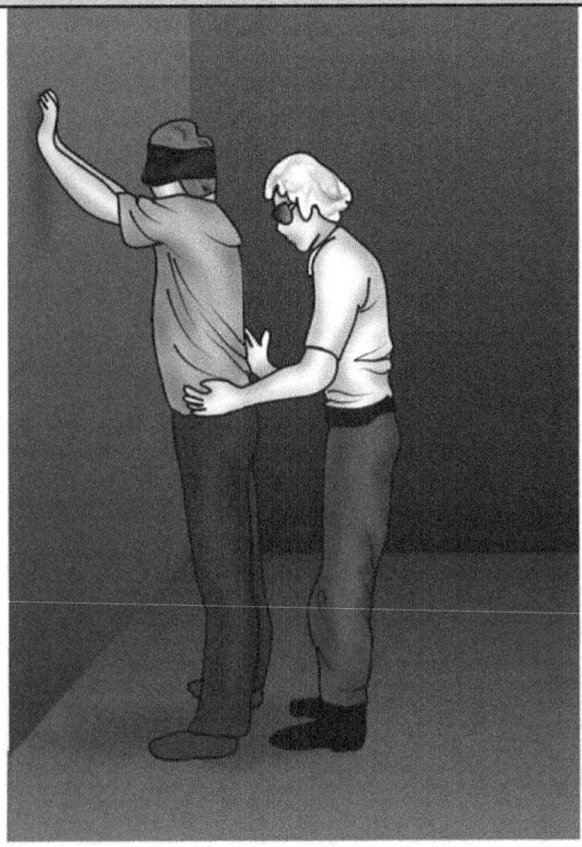
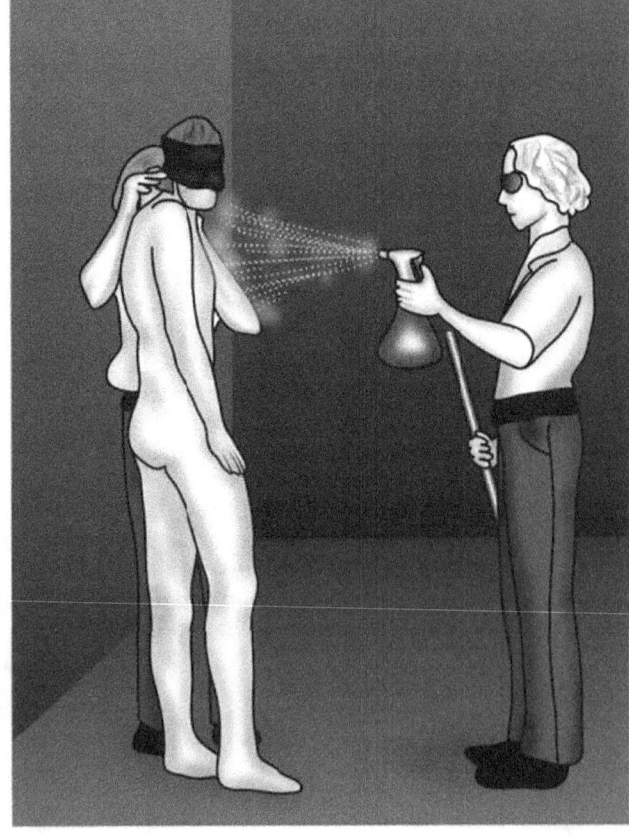

Der Gefangene erhielt dann ein Kleid oder Kittel, den der Gefangene während der ganzen Zeit ohne Unterwäsche, als Uniform trug. Auf der Vorder- und Rückseite des Kittels war seine Identifikationsnummer angebracht. Um den rechten Knöchel des Gefangenen wurde für die gesamte Zeit eine schwere Kette befestigt. Als Schuhe erhielt er Gummisandalen, und über seine Haare musste er einen Nylonstrumpf ziehen.
Es sollte klar sein, dass wir versuchten, eine funktionale Simulation eines Gefängnisses zu entwickeln -- kein wirkliches Gefängnis. Echte männliche Gefangene tragen keine Kleider, aber sie fühlen sich gedemütigt und entmännlicht. Unser Ziel war es, schnell ähnliche Effekte zu erzeugen, indem wir Männer in Kleider ohne Unterwäsche steckten. In der Tat begannen unsere Gefangenen, anders zu gehen, zu sitzen und sich zu halten, sobald Sie diese Uniformen trugen.

Die Kette an ihrem Fuß sollte die Gefangenen ständig an die Unterdrückung durch ihre Umwelt erinnern...

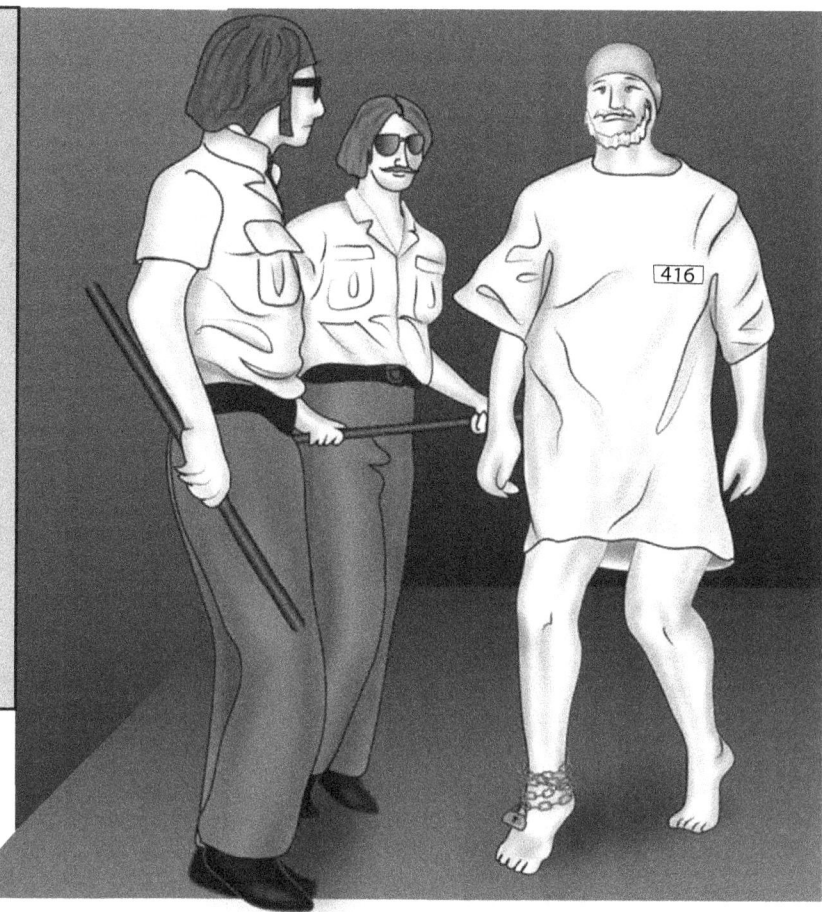

...Selbst während des Schlafes konnten sie der Atmosphäre der Unterdrückung nicht entgehen. Sobald sie sich umdrehten, schlug die Kette an ihren anderen Fuß, weckte sie und erinnerte sie daran, dass sie noch immer im Gefängnis waren.

Durchsetzung der Gesetze
Die Strafvollzugsbeamten erhielten kein besonderes Training für ihre Aufgabe. Statt dessen wurde es ihnen innerhalb bestimmter Grenzen selbst überlassen, zu tun, was sie für notwendig hielten, um Gesetz und Ordnung im Gefängnis aufrechtzuerhalten und sich den Respekt der Gefangenen zu verschaffen. Sie entwickelten ihre eigenen Regeln, die sie unter der Aufsicht des stellvertretenden Anstaltsleiters David Jaffe, ebenfalls ein Student der Stanford Universität, umsetzten.
Sie wurden wie echte Strafvollzugsbeamte, die freiwillig einen so gefährlichen Job übernehmen, auf die Ernsthaftigkeit und Gefahren ihrer Aufgabe hingewiesen.
Wie echte Gefangene rechneten auch unsere Gefangenen damit, während ihres Gefängnisaufenthaltes gewissen Schikanen und Beeinträchtigungen ihrer Privatsphäre und bürgerlichen Rechte ausgesetzt zu sein sowie gerade ausreichend verpflegt zu werden. In all diese Bedingungen hatten sie im Vorfeld freiwillig eingewilligt.

Liegestützen wurden häufig zur körperlichen Bestrafung der Gefangenen eingesetzt. Sie wurden von den Strafvollzugsbeamten bei Regelverstößen oder unangemessenem Verhalten gegenüber ihnen oder der Institution verhängt. Als wir beobachteten, dass die Strafvollzugsbeamten Liegestützen von den Gefangenen verlangten, dachten wir zuerst, diese Form der Bestrafung sei unangemessen für ein Gefängnis - sie sei eher pubertär. Später erfuhren wir jedoch, dass in Konzentrationslagern häufig Liegestützen als Strafe verhängt wurden. Einer unserer Strafvollzugsbeamten trat während der Liegestützen auf den Rücken der Gefangenen oder verlangte von anderen Gefangenen, dies zu tun.

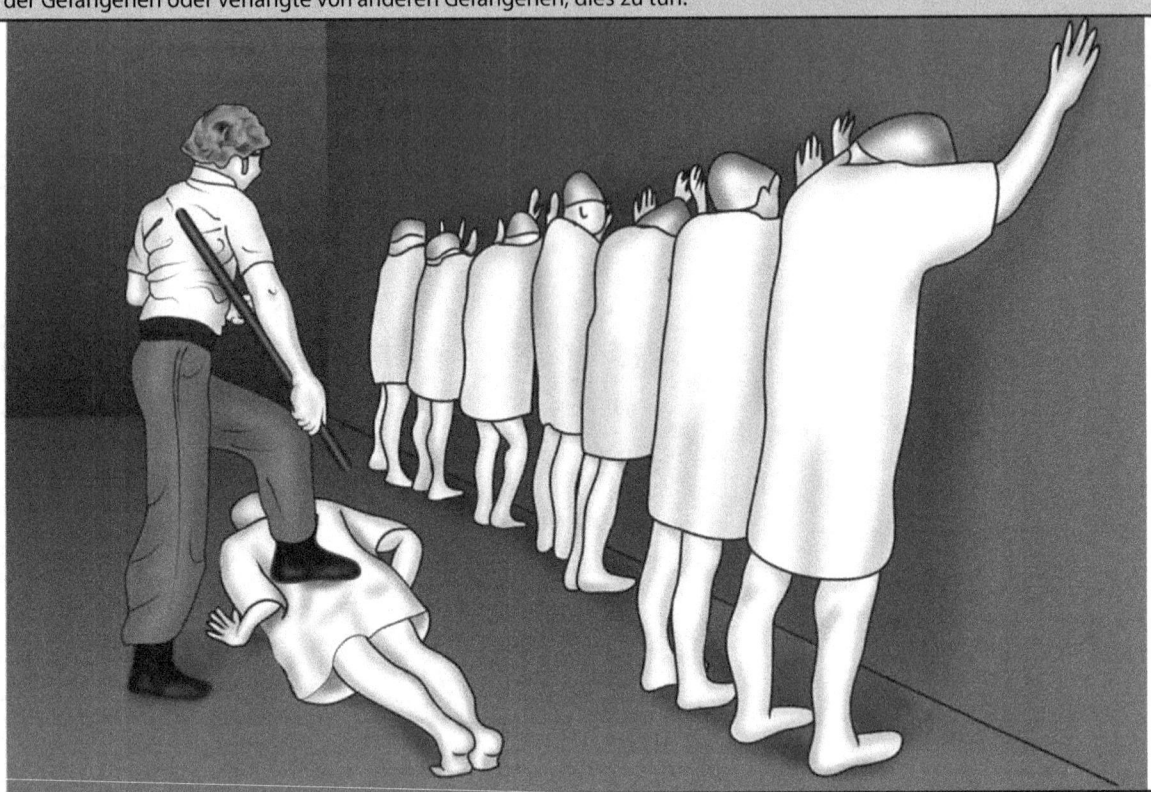

Behauptung von Unabhängigkeit

Da der erste Tag ohne besondere Zwischenfälle verlief, waren wir überrascht und völlig unvorbereitet, als am Morgen des zweiten Tages ein Aufstand ausbrach. Die Gefangenen entfernten ihre Strumpfkappen, rissen ihre Nummern ab und verbarrikadierten sich in den Zellen, indem sie ihre Betten gegen die Tür stemmten. Die Strafvollzugsbeamten waren äußerst verärgert und frustriert, da die Gefangenen überdies auch noch begannen, sie zu verhöhnen und zu beschimpfen. Als die Strafvollzugsbeamten der Frühschicht eintrafen, waren sie verärgert über die Kollegen der Nachtschicht. Die Strafvollzugsbeamten mussten alleine mit dem Aufstand fertig werden.

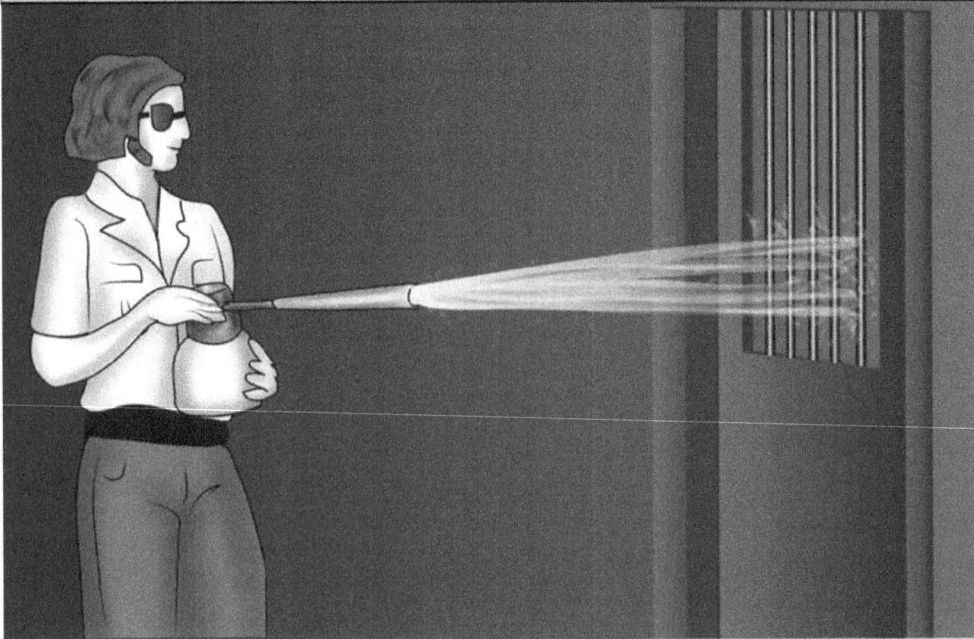

Zunächst bestanden sie darauf, Verstärkung zu holen. Die drei Strafvollzugsbeamten, die sich zu Hause in Rufbereitschaft befanden, kamen und die Nachtschicht blieb freiwillig im Dienst. Die Strafvollzugsbeamten versammelten sich und entschieden, Gewalt mit Gewalt zu bekämpfen. Sie spritzten mit Feuerlöschern eisiges Kohlendioxyd in die Zellen und zwangen die Gefangenen so, von den Türen zurückzuweichen. (Die Feuerlöscher mussten gemäß den Brandschutzrichtlinien der Stanford Universität installiert werden.)

Besondere Privilegien

Weitere Aufstände mussten vermieden werden. Deshalb beschlossen die Strafvollzugsbeamten eine psychologische Taktik anzuwenden. Das bedeutete in diesem Fall die Einrichtung einer Vorzugszelle.
Eine der drei Zellen wurde als "Vorzugszelle" gekennzeichnet. Die drei Gefangenen, die sich am wenigsten an dem Aufstand beteiligt hatten, erhielten eine Vorzugsbehandlung. Sie erhielten ihre Uniformen und Betten zurück und ihnen wurde erlaubt, sich zu waschen und die Zähne zu putzen. Außerdem erhielten sie in Anwesenheit der anderen Gefangenen besonderes Essen und wurden nachts nicht geweckt. Dies bewirkte, dass die Solidarität unter den Gefangenen zusammenbrach.

Nachdem diese Behandlung einen halben Tag lang gedauert hatte, verlegten die Strafvollzugsbeamten einige der "guten" Gefangenen in die "bösen" Zellen und einige der "bösen" Gefangenen in die "gute" Zelle und stifteten so völlige Verwirrung unter den Gefangenen. Einige von ihnen glaubten, dass die Gefangenen aus der Vorzugszelle Spitzel sein müssten, und plötzlich herrschte großes Misstrauen unter den Gefangenen.

Das Verhalten der Gefangenen wurde vollständig und willkürlich von den Strafvollzugsbeamten kontrolliert. Sogar der Gang zur Toilette wurde ein Privileg, das von ihnen je nach Laune gestattet oder verweigert werden konnte. In der Tat waren die Gefangenen nach 22:00 Uhr, wenn das Licht gelöscht und die Zellen verschlossen waren, oft gezwungen, in die Eimer in ihren Zellen zu urinieren oder defäkieren. Besonders hart gingen die Strafvollzugsbeamten mit dem Anführer des Aufstands um, dem Gefangenen #5401. Er war ein starker Raucher, und sie kontrollierten ihn, indem sie seine Möglichkeiten zu rauchen regulierten. Dennoch übernahm sogar er derart die Rolle des Gefangenen, dass er stolz war, zum Leiter des Beschwerdekomitees des Gefängnisses gewählt worden zu sein.

Die Entlassung des ersten Gefangenen

Unsere Untersuchung dauerte noch keine 36 Stunden, als bei dem Gefangenen #8612 eine akute emotionale Störung ausbrach und er begann, unter desorganisiertem Denken, unkontrolliertem Schreien und Wutanfällen zu leiden. Trotz all dieser Symptome dachten wir bereits so sehr wie Gefängnisautoritäten, dass wir dies für einen Täuschungsversuch hielten -- den Versuch, uns dazu zu bewegen, ihn freizulassen. Als unser wichtigster Gefängnisberater den Gefangenen #8612 befragte, tadelte er ihn wegen seiner Schwäche und erklärte ihm, mit welchen Misshandlungen durch Gefangene und Strafvollzugsbeamte er zu rechnen hätte, wenn er im San-Quentin-Gefängnis wäre.

Dann wurde #8612 das Angebot gemacht, für die Strafvollzugsbeamten als Informant zu arbeiten. Im Austausch dagegen würden diese ihn nicht weiter schikanieren. Er sagte, er würde darüber nachdenken.

Während des nächsten Zählappells erzählte er den anderen Gefangenen: "Ihr könnt hier nicht raus, ihr könnt nicht gehen." Die Verbreitung dieser beunruhigenden Nachricht steigerte ihr Empfinden, wirklich inhaftiert zu sein. #8612 fing dann an, sich "verrückt" zu verhalten, zu schreien, zu fluchen und sich in eine Raserei hineinzusteigern, die außer Kontrolle schien. Es dauerte eine ganze Weile, bis wir zu der Überzeugung gelangten, dass er wirklich litt und wir ihn entlassen mussten.

Der geplante Massenausbruch

Das nächste wichtige Ereignis, mit dem wir uns auseinandersetzen mussten, war ein Gerücht über einen geplanten Massenausbruch. Einer der Strafvollzugsbeamten hatte mitgehört, wie sich die Gefangenen über einen Ausbruch unterhielten. Das Gerücht lautete wie folgt: Gefangener #8612, den wir am Abend zuvor entlassen hatten, würde einige seiner Freunde zusammentrommeln, mit ihnen einbrechen und die Gefangenen befreien.

Die Rache

Es stellte sich heraus, dass der geplante Gefängnisausbruch nur ein Gerücht war. Er fand nie statt. Stellen Sie sich unsere Reaktion vor! Wir hatten einen ganzen Tag damit verbracht, zu planen, wie wir die Flucht verhindern konnten, hatten die Polizei um Hilfe gebeten, unsere Gefangenen verlegt, den Großteil des Gefängnisses abgebaut -- wir sammelten noch nicht einmal Daten an diesem Tag. Wie reagierten wir auf dieses Durcheinander? Mit beträchtlicher Frustration und Verstimmung über den Aufwand, den wir umsonst betrieben hatten. Jemand musste dafür bezahlen.

Erneut erhöhten die Strafvollzugsbeamten deutlich das Ausmaß der Schikanen und Demütigungen, unter denen sie die Gefangenen leiden ließen, und zwangen sie zu erniedrigender, eintöniger Arbeit wie das Reinigen der Toilettenschüsseln mit den bloßen Händen. Sie ließen die Gefangenen Liegestützen, Hampelmänner und was immer ihnen einfiel machen und verlängerten die Zählappelle auf mehrere Stunden.

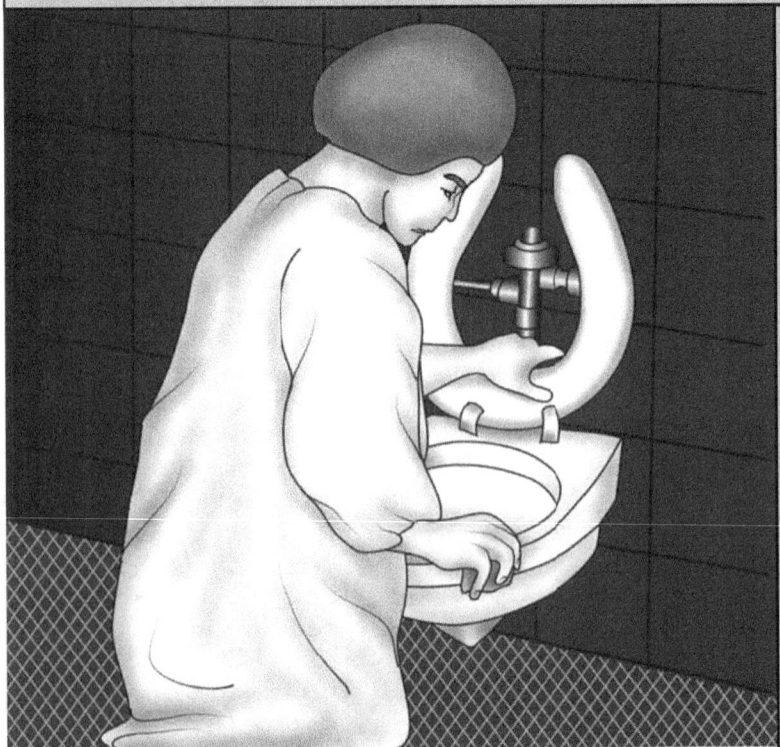

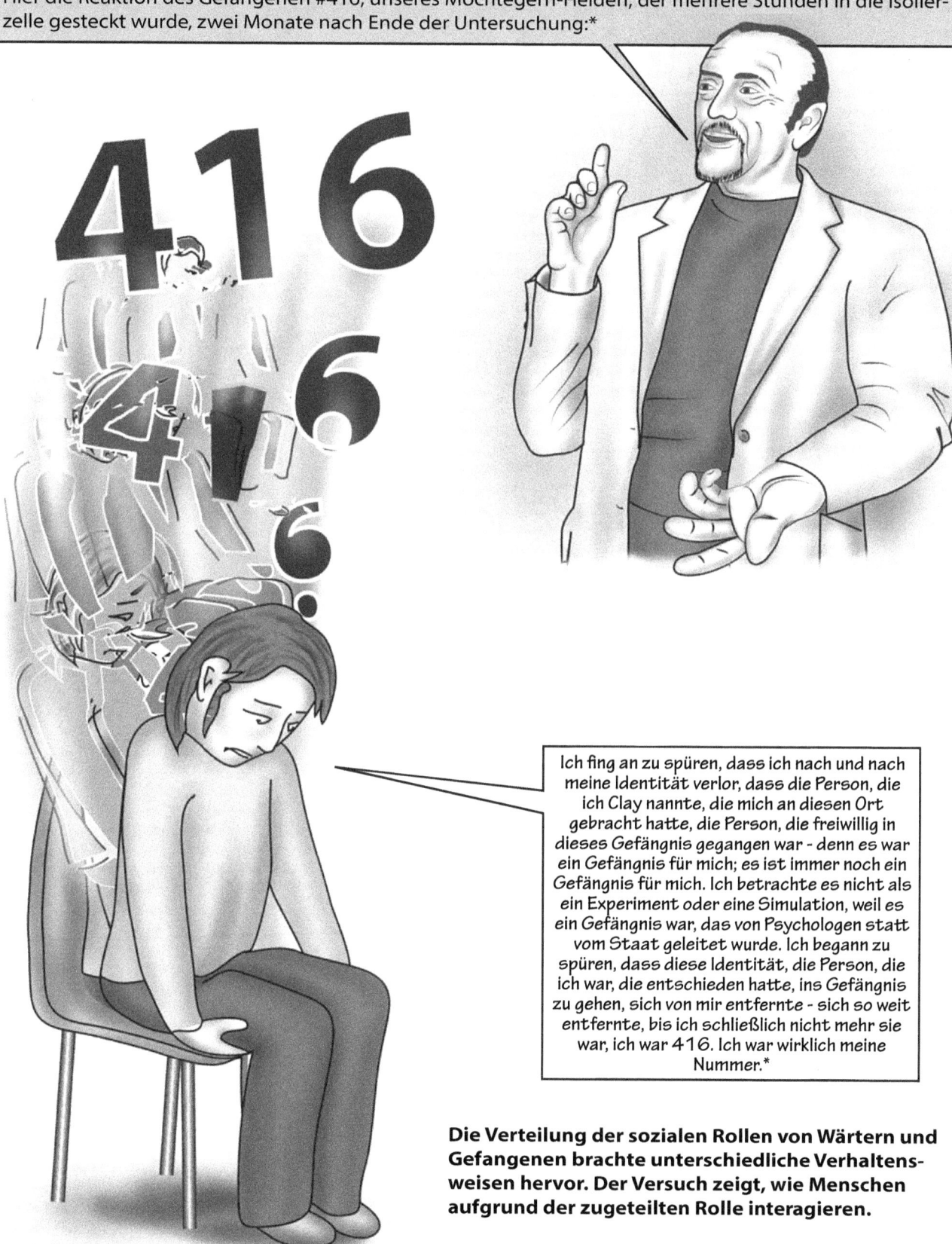

Hier die Reaktion des Gefangenen #416, unseres Möchtegern-Helden, der mehrere Stunden in die Isolierzelle gesteckt wurde, zwei Monate nach Ende der Untersuchung:*

Ich fing an zu spüren, dass ich nach und nach meine Identität verlor, dass die Person, die ich Clay nannte, die mich an diesen Ort gebracht hatte, die Person, die freiwillig in dieses Gefängnis gegangen war - denn es war ein Gefängnis für mich; es ist immer noch ein Gefängnis für mich. Ich betrachte es nicht als ein Experiment oder eine Simulation, weil es ein Gefängnis war, das von Psychologen statt vom Staat geleitet wurde. Ich begann zu spüren, dass diese Identität, die Person, die ich war, die entschieden hatte, ins Gefängnis zu gehen, sich von mir entfernte - sich so weit entfernte, bis ich schließlich nicht mehr sie war, ich war 416. Ich war wirklich meine Nummer.*

Die Verteilung der sozialen Rollen von Wärtern und Gefangenen brachte unterschiedliche Verhaltensweisen hervor. Der Versuch zeigt, wie Menschen aufgrund der zugeteilten Rolle interagieren.

Aus Respekt gegenüber Prof. Zimbardo wurde zur Darstellung des Stanford-Prison-Experiment nahe am verfügbaren Material in Internet geblieben. Die Texte und teilweise Darstellung sind dem Material von Dr. Zimbardo entnommen. Es ist wichtig, dass der Inhalt im Sinne Prof. Zimbardos verstanden wird, damit dieses heute nicht mehr wiederholbare Experiment nicht einfach in der „unethischen" Schublade versinkt.

Sozialpsychologie VI

Unsere Einstellungen und Urteile sind anfällig

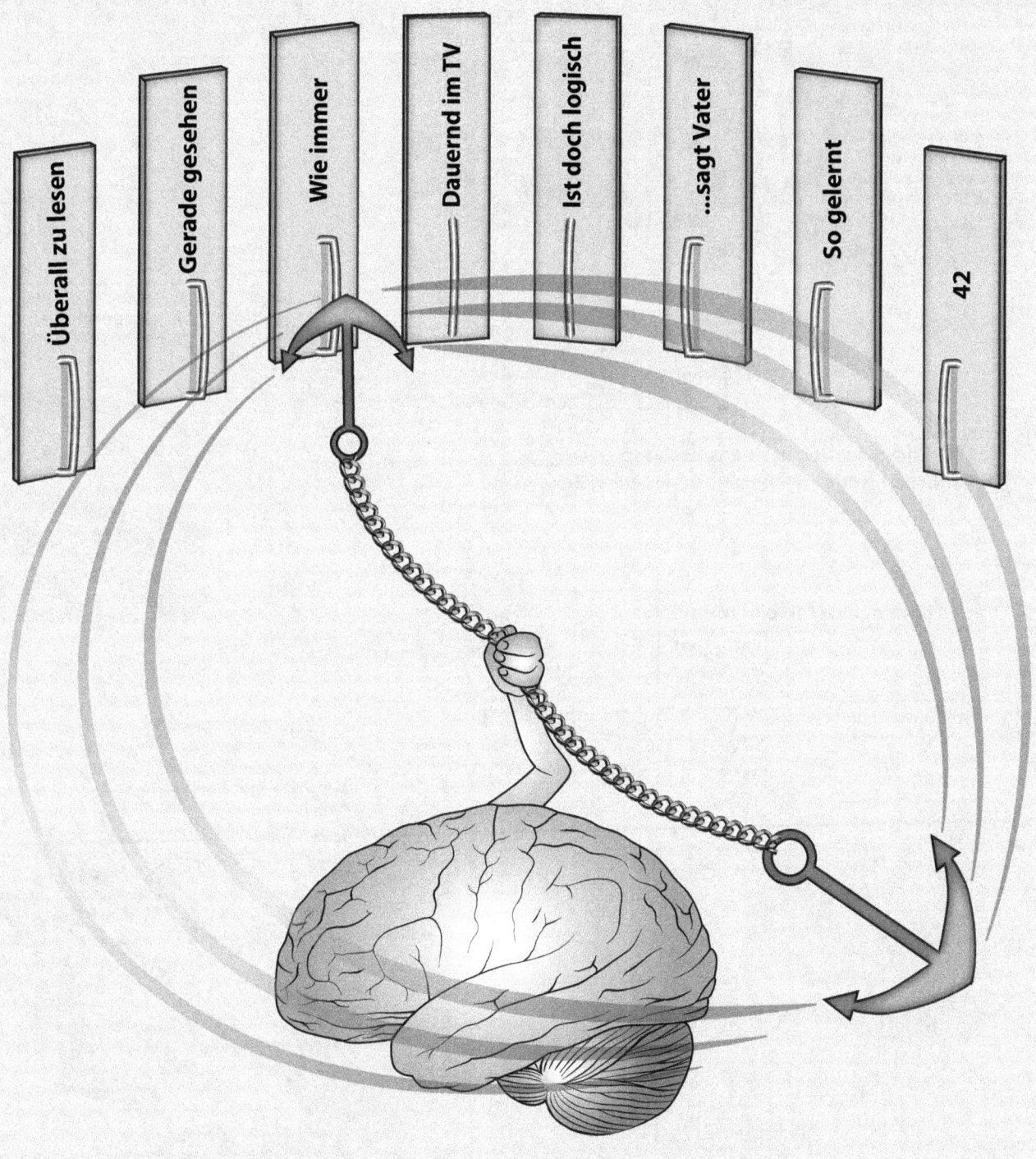

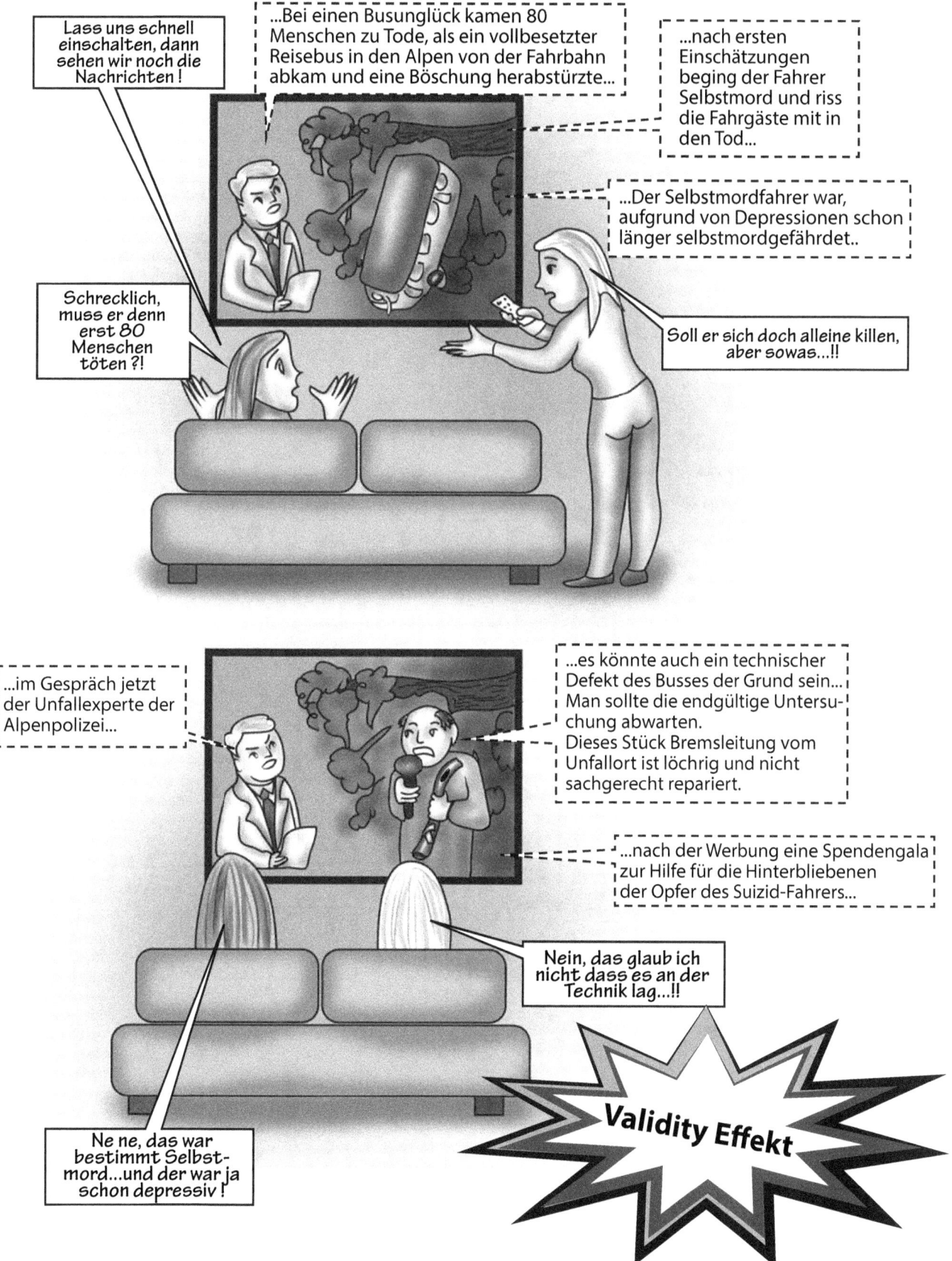

Auch Werbung nutzt die Tatsache aus, dass wir beeinflussbar sind. Die immer wiederholte Präsentation von Dingen oder Personen führt zu einer positiven Einstellung gegenüber diesen Dingen (Mere Exposure Effect). Das heißt, selbst wenn man sich Werbung ohne Ton anschaut und man nur immer wieder das Produkt sieht, gefällt einem das Produkt automatisch immer besser. Anchoring bedeutet, dass auch irrelevante Informationen die Urteilsbildung beeinflussen können.

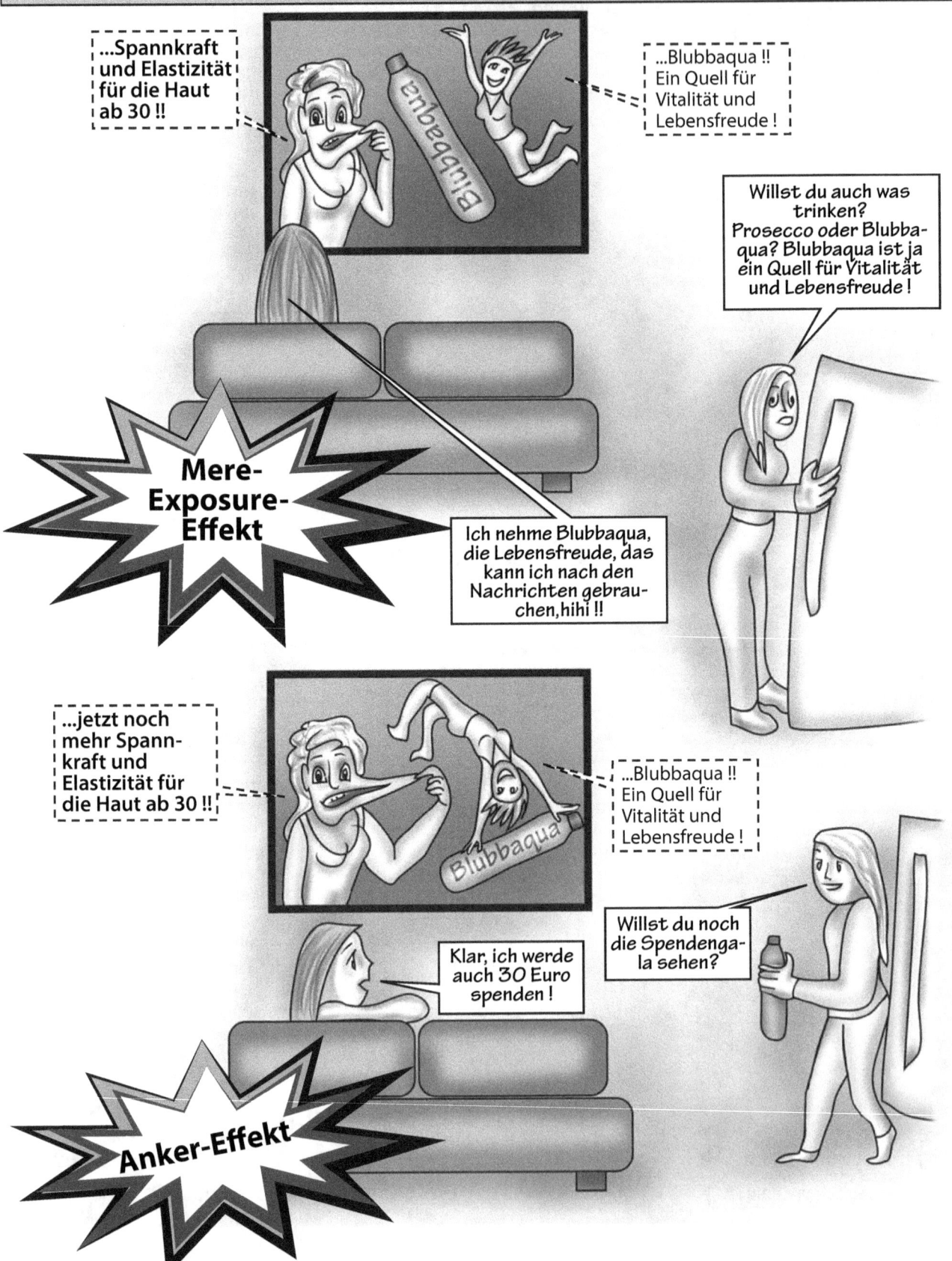

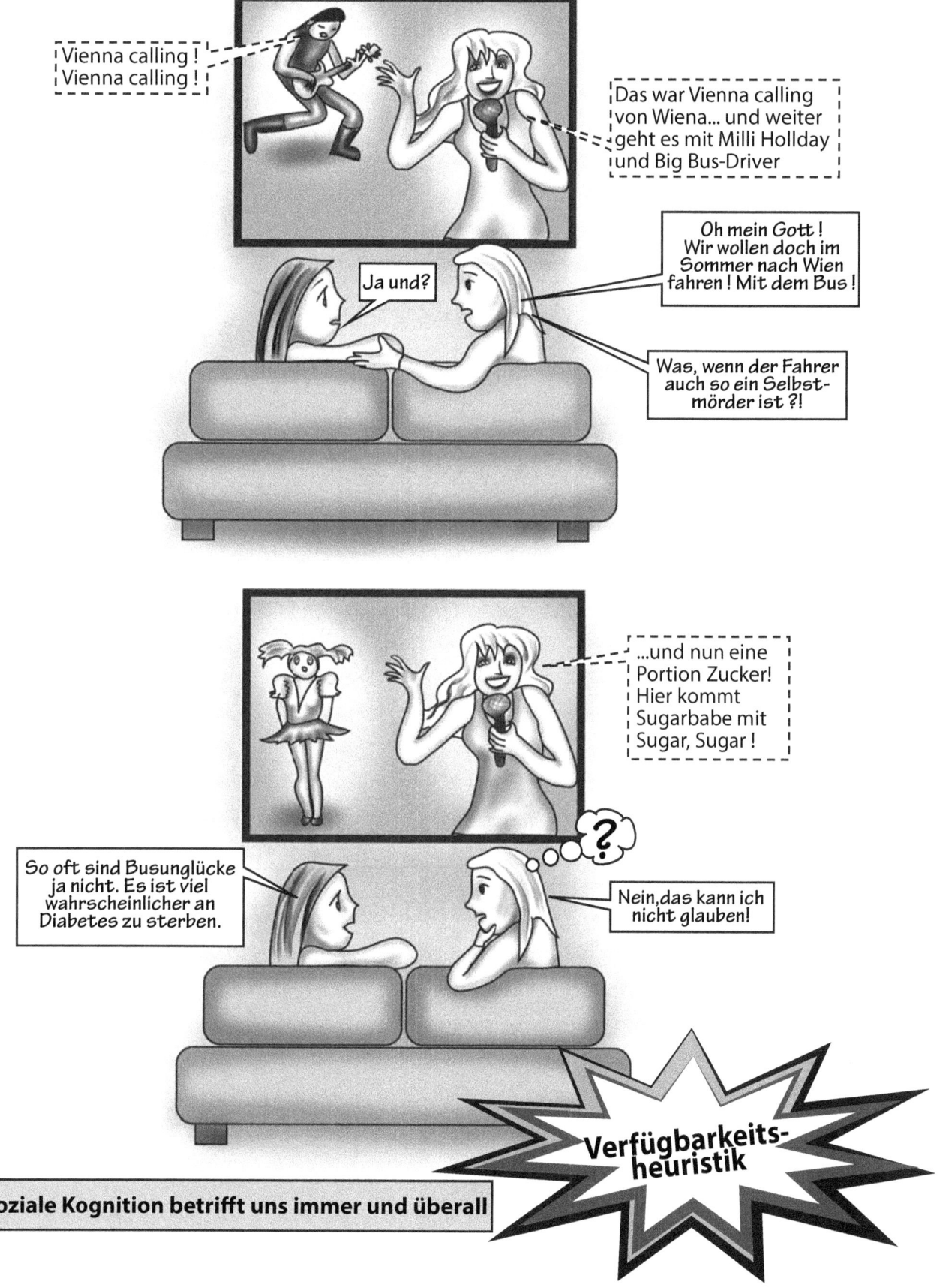

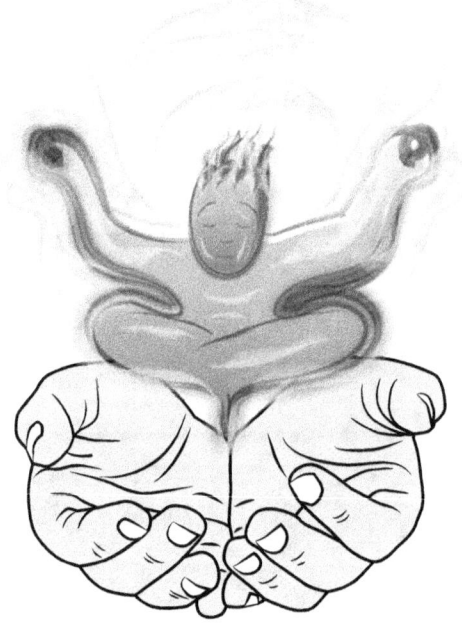

Allgemeine Psychologie I Kapitel 10

Konditionierung

© Springer-Verlag GmbH Deutschland, ein Teil von Springer Nature 2019
C. Goerigk und F. Schmithüsen, *Der Psycho-Comic*,
https://doi.org/10.1007/978-3-662-59072-0_10

Kapitel 10 - Allgemeine Psychologie I. Konditionierung

Ein Teil der allgemeinen Psychologie ist die **Lernpsychologie**. Die klassische Konditionierung ist eine Entdeckung von **Iwan Pawlow (1849-1936)**, einem russischen Physiologen, der während der Erforschung der Physiologie des Verdauungstrakts bei Hunden den bedingten Reflex entdeckte.

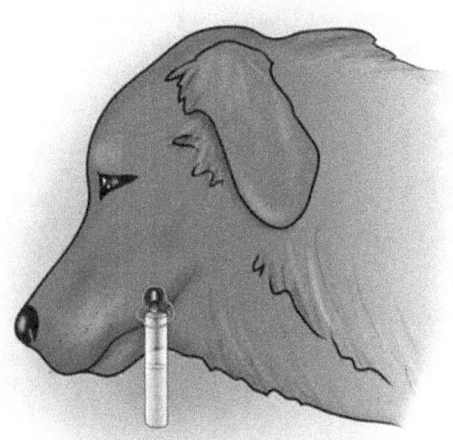

Iwan Pawlow untersuchte den Speichelfluss bei Hunden. Zur Messung wurden vor der Fütterung kleine Reagenzgläser an den Speicheldrüsen der Hunde befestigt, die den Speichel auffingen.

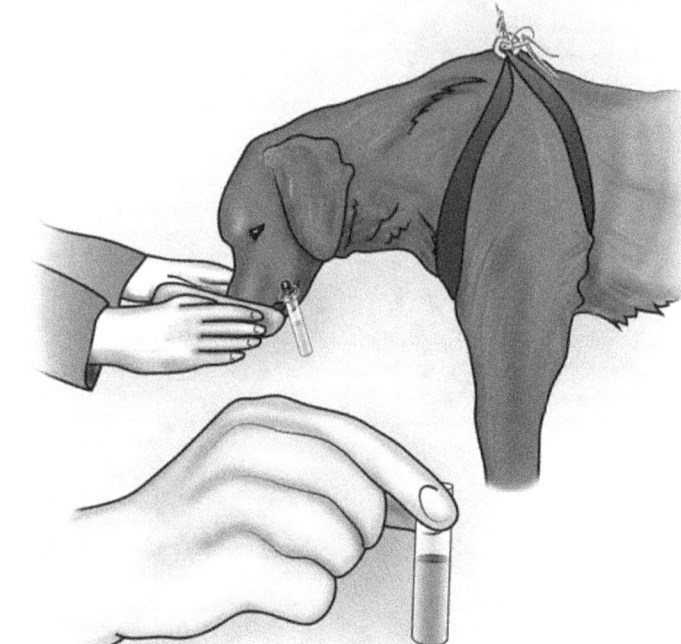

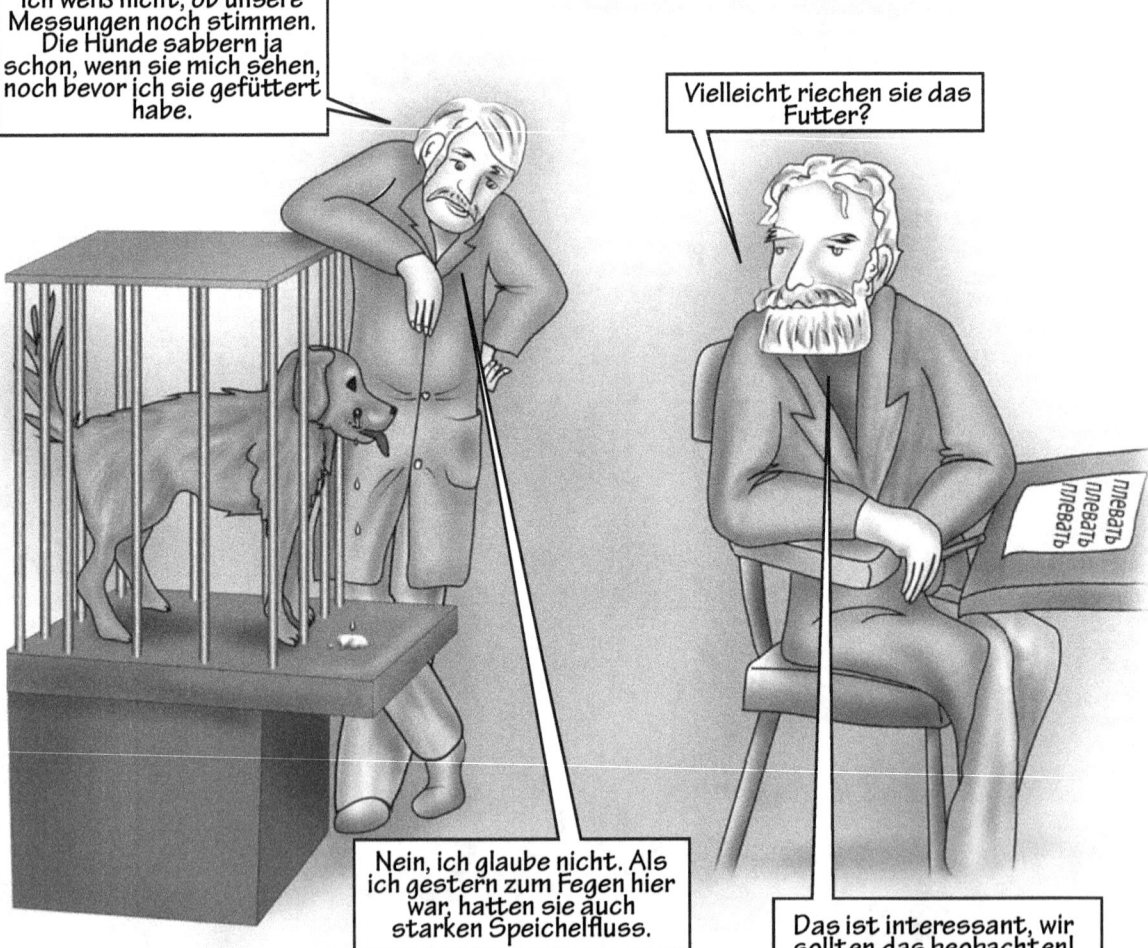

Die Beobachtungen ergaben, dass die Hunde den Assistenten scheinbar am Gang erkannten und ihn mit Futter in Verbindung brachten. Iwan Pawlow versuchte den Speichelfluss nun durch andere Reize zu beeinflussen.

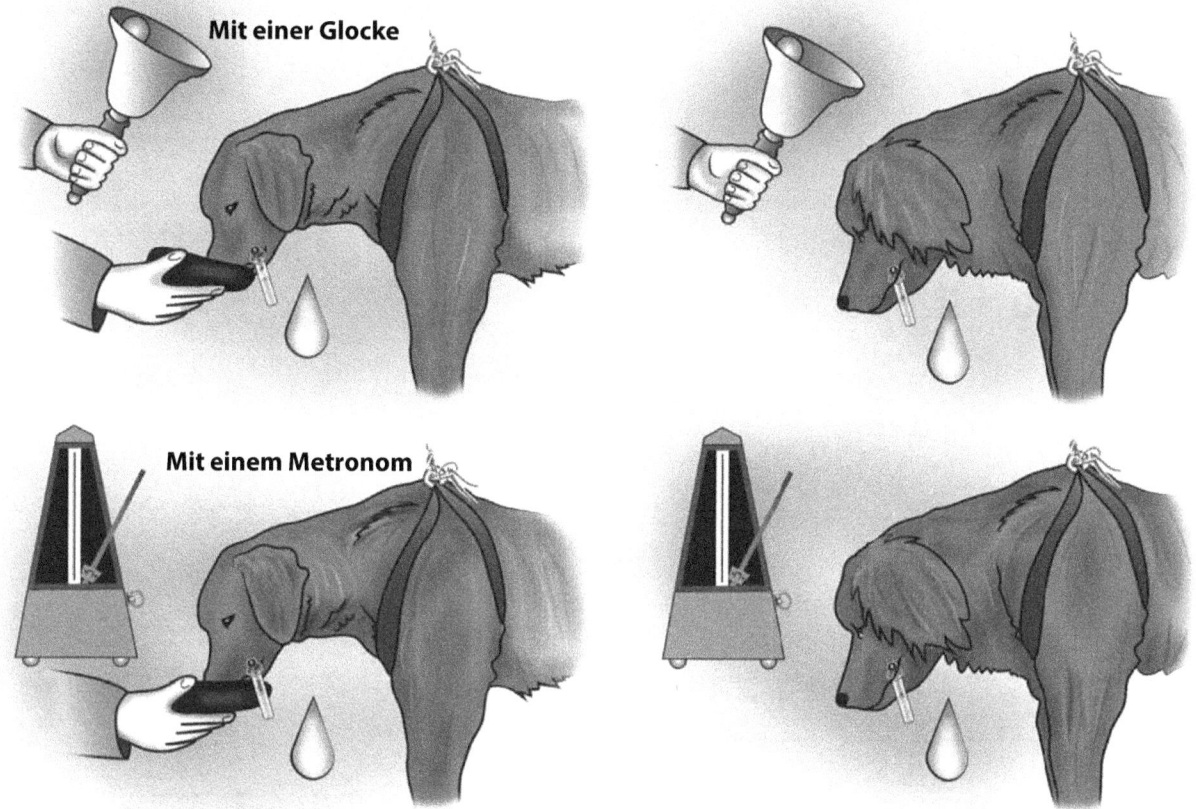

Mit einer Glocke

Mit einem Metronom

Die Hunde waren auf beide Geräusche konditionierbar und erzeugten jeweils nach kurzer Zeit vermehrt Speichel. Blieb der Reiz für längere Zeit aus, wurde der Reflex schwächer. Pawlow versuchte es auch mit negativen Reizen wie Schlägen, und musste feststellen, dass eine Konditionierung durch positive Reize schneller und besser auslösbar ist, negative Reize jedoch länger in Erinnerung bleiben, allerdings ohne mit der Belohnung (Futter) in Verbindung zu bleiben.

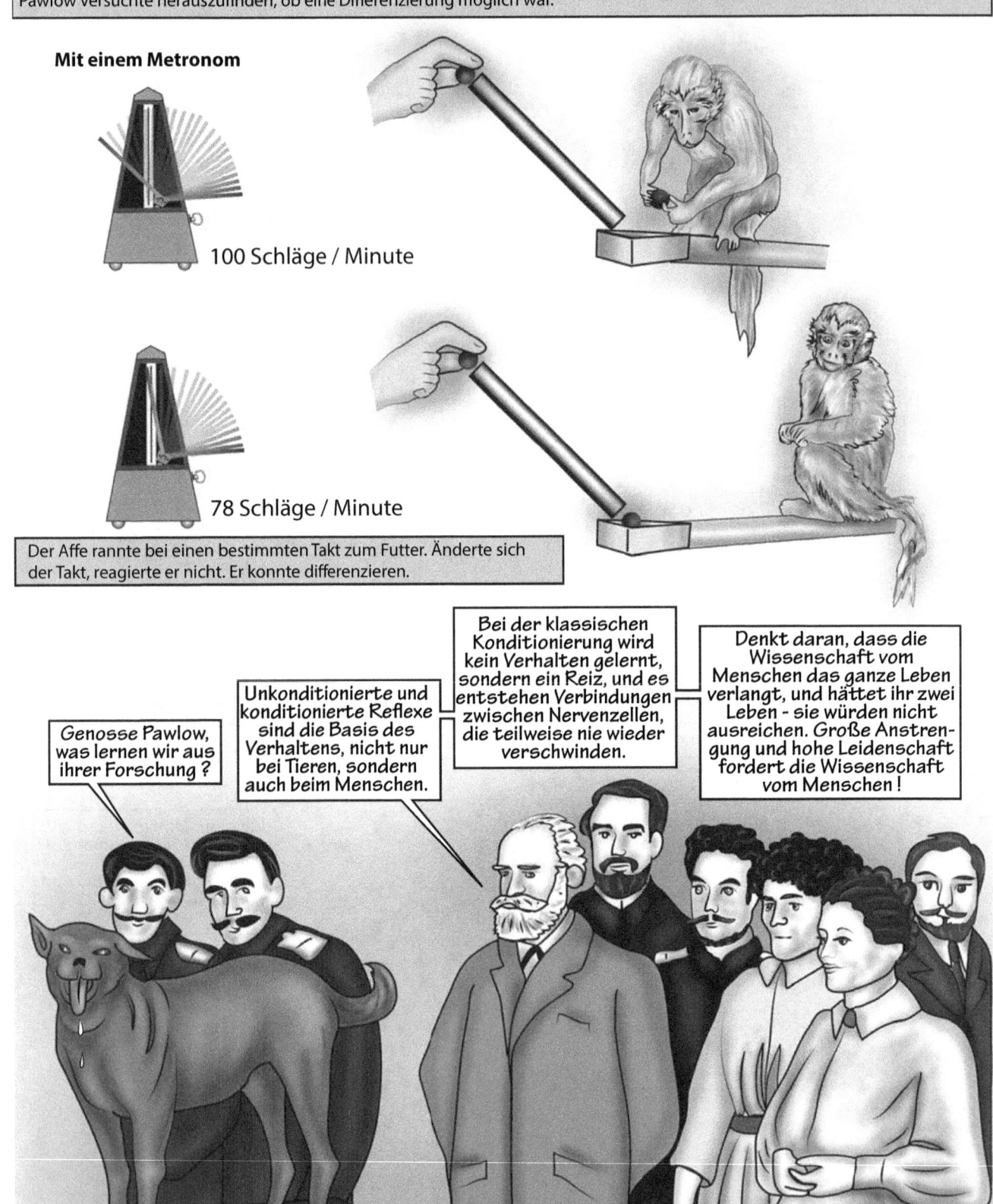

Pawlows Hunde hielten als Lehrbuchbeispiel für klassische Konditionierung Einzug in jeden Schulunterricht. Sie stellen die einfachste und klarste Form dar, mit der zwei Ereignisse verknüpft werden können. Diese Konditionierung ermöglicht uns, Wissen durch Erfahrung zu erlangen und dadurch auf Reize zu reagieren. Diese Konditionierung ermöglicht es Lebewesen, sich in einer ständig verändernden Welt anzupassen.

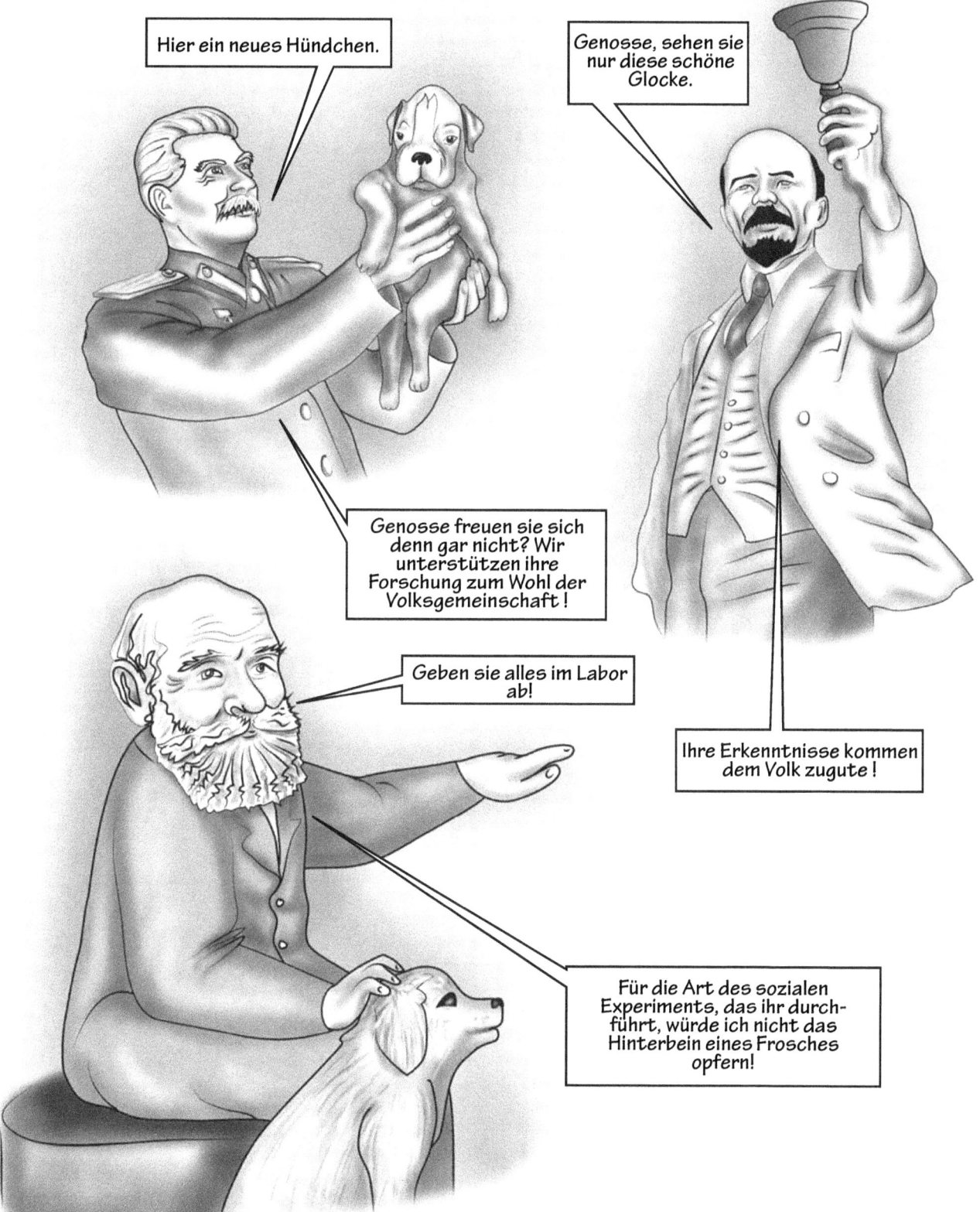

Nachdem Pawlow die Ausreise aus der Sowjetunion verweigert wurde, wurde er, trotz seiner unverhohlenen Systemkritik, vom leninistisch-stalinistischen System als Held der Wissenschaft hofiert und protegiert. Seine Erkenntnisse fanden Anwendung in Verhör- und Foltermethoden und wurden auch zur Rechtfertigung politischer Maßnahmen des Sowjet-Regimes benutzt.

Burrhus Frederic Skinner (1904 -1990), ein amerikanischer Psychologe, prägte die Bezeichnung **operante Konditionierung**. Er erfand auf Pawlows Grundlage der klassischen Konditionierung das sogenannte programmierte Lernen oder die operante Konditionierung und verfasste den weltweit beachteten utopischen Roman Walden Two (Futurum Zwei).

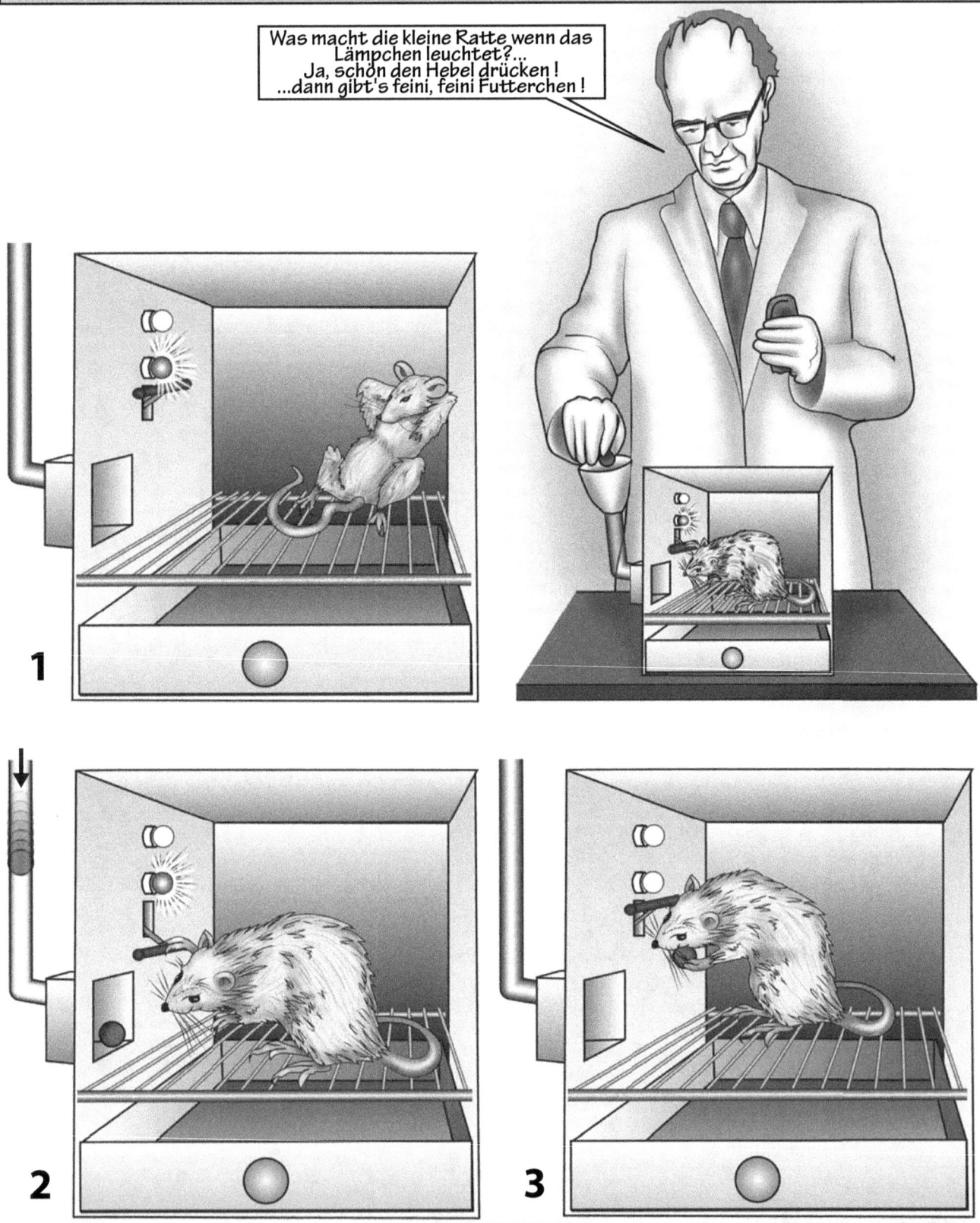

Skinners Entdeckung war, dass die Häufigkeit der Hebeldrücke seiner Ratten nicht allein von vorhergehenden Stimuli abhängig war (wie dies Pawlow betont hatte), sondern vor allem von Reizen, die erst nach einem Hebeldruck folgten: Seine Untersuchungen beschränkten sich nicht auf Reflexe wie beim „**Reiz–Reaktions-Prinzip**", sondern erfassten die Konsequenzen, die eine Reaktion hatte. Das war z. B. eine Futterbelohnung.

Der Psycho-Comic Allgemeine Psychologie I. Konditionierung

Skinner war ein unermüdlicher Forscher und brachte seine Forschungen zur praktischen Nutzung. Er forschte in der späteren Zeit nur noch mit Tauben, weil diese ein hervorragendes Gedächtnis haben und in der Lage sind operantes Verhalten in unterschiedlichen Situationen abzurufen und anzuwenden. Skinner prägte für aufgebaute Bewegungsabfolgen den Fachausdruck „operantes Verhalten". Den Vorgang, der das operante Verhalten erzeugt, bezeichnete er als „operante Konditionierung".

Die Tests mit Tauben regten Skinner zu neuen Versuchsreihen an

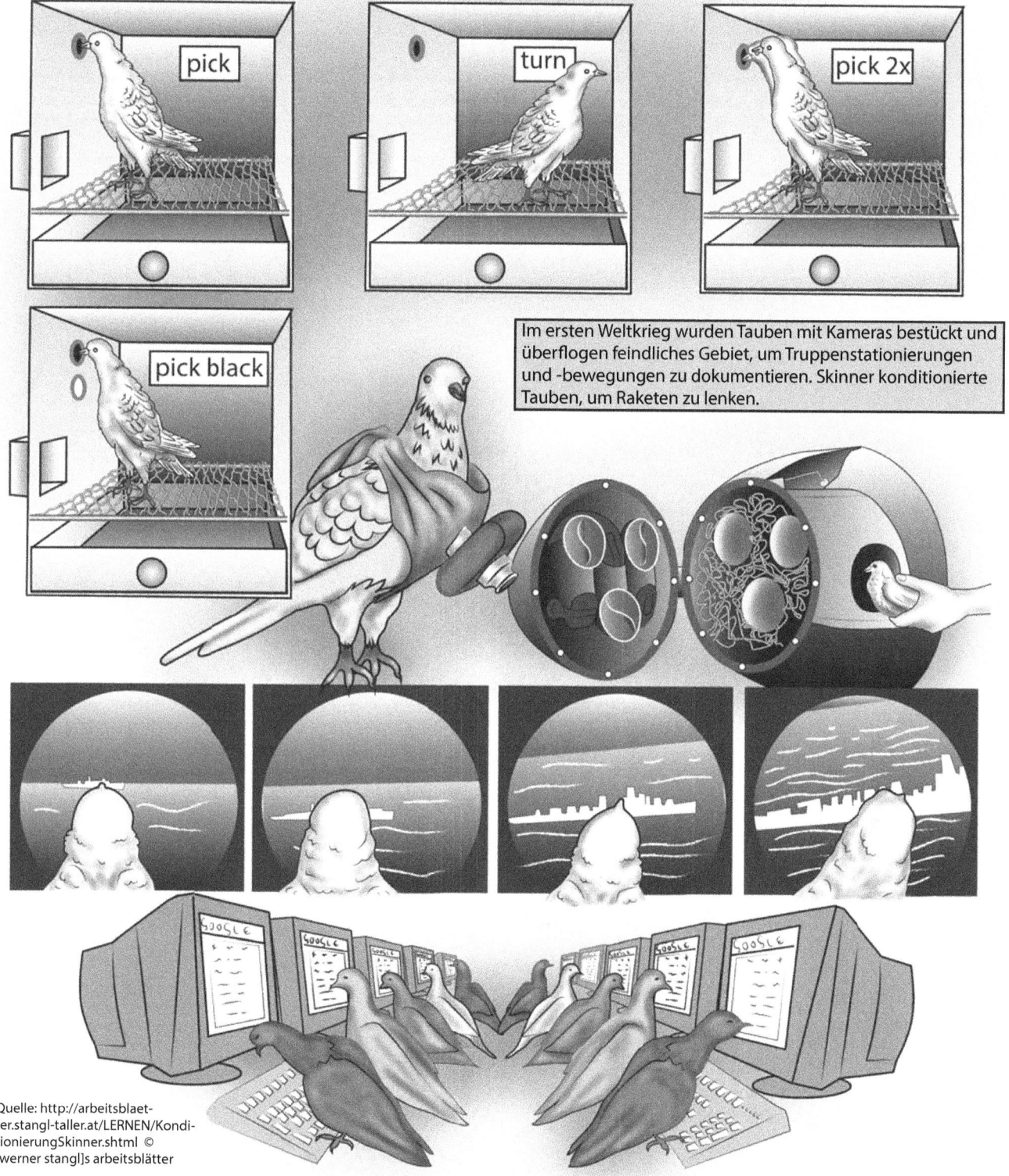

Im ersten Weltkrieg wurden Tauben mit Kameras bestückt und überflogen feindliches Gebiet, um Truppenstationierungen und -bewegungen zu dokumentieren. Skinner konditionierte Tauben, um Raketen zu lenken.

Quelle: http://arbeitsblaetter.stangl-taller.at/LERNEN/KonditionierungSkinner.shtml © [werner stangl]s arbeitsblätter

Die Forschung mit Tauben wurde fortgesetzt, und zwar, ob sich Tauben für Suchmaschinenzwecke eignen: (Zitat) Zur Eignung von Tauben für Suchmaschinenzwecke: Neuseeländische Psychologen haben festgestellt, dass Tauben Mengen mit unterschiedlich vielen Objekten nicht nur unterscheiden, sondern auch in die richtige Reihenfolge bringen können, was bei Suchmaschinen von großer Bedeutung ist. Die Vögel können die einmal verinnerlichte Ordnungsregel auch auf Mengen neuer Objekte übertragen, wodurch sie für die sich ständig ändernden Inhalte des Internets prädestiniert sind.

Allgemeine Psychologie II Kapitel 11

Lernen

Der kanadische Psychologe Albert Bandura (geb.1925 in Mundare), der zu den führenden Psychologen der zweiten Hälfte des 20. Jahrhunderts zählt, etablierte in der Aggressionsforschung die entscheidende Rolle des sozialen Lernens von aggressivem Verhalten, neben Trieb und Frustration als dessen Auslöser. Auf der Basis der behavioristische Lerntheorie (Pawlow, Skinner) entwickelte er die sozialkognitive Lerntheorie, das „Modelllernen".

* Quelle: http://arbeitsblaetter.stangl-taller.at/LERNEN/Modelllernen.shtml © [werner stangl]s arbeitsblätter

3. Ausführungsphase: Reproduktionsprozesse

Das beobachtete Verhalten wird nachgeahmt, indem der Beobachter sich an das gespeicherte Verhalten erinnert. Dieses Verhalten wird nachgeahmt, indem die Bewegungsabläufe wiederholt werden.

4. Ausführungsphase: Verstärkungs- und Motivationsprozesse

Der Beobachter wird verstärkt, weil er den Erfolg seines eigenen Verhaltens sieht. Schon wenn der Beobachter erste Fortschritte sieht, wird sich diese Feststellung des erfolgreichen Verhaltens verstärkend auswirken.

Eine weitere Studie zum „Modelllernen" führte Bandura 1961 durch. Durch diese Studie wies er nach, dass die Kinder verstanden, worum es in der Demonstration an einem Bobo-Doll durch eine Studentin ging, nämlich um Bestrafung. Die Kinder setzten dies anschließend in einer isolierten Situation um, wobei die Kinder eigene Kreativität entwickelten.

Als die Kinder anschließend allein in einem Raum mit dem Bobo-Doll waren, begannen sie die Bestrafung fortzusetzen, indem sie das Gesehene wiederholten...

...sie entwickelten die Methoden sogar weiter, indem sie alle zur Verfügung stehenden Mittel ausnutzten, und benutzten Wortschöpfungen, die im Film nicht geäußert wurden.

d.h. die Kinder wiederholten also nicht nur, sondern haben das Prinzip verstanden (die Puppe ist böse und muss ausgeschimpft werden) und handelten danach...

Kritiker sahen 2 Schwachstellen:
• Die Studie wurde ausschließlich mit 33 weißen Mädchen und 33 Jungen im Alter zwischen 5 und 7 Jahren aus der amerikanischen Mittelschicht durchgeführt.
• Es ist unklar, ob die Kinder charakterliche Voraussetzungen mitbrachten, die die Studie beeinflussten.
Trotzdem bestätigt diese Studie Banduras Theorie zum Modelllernen.

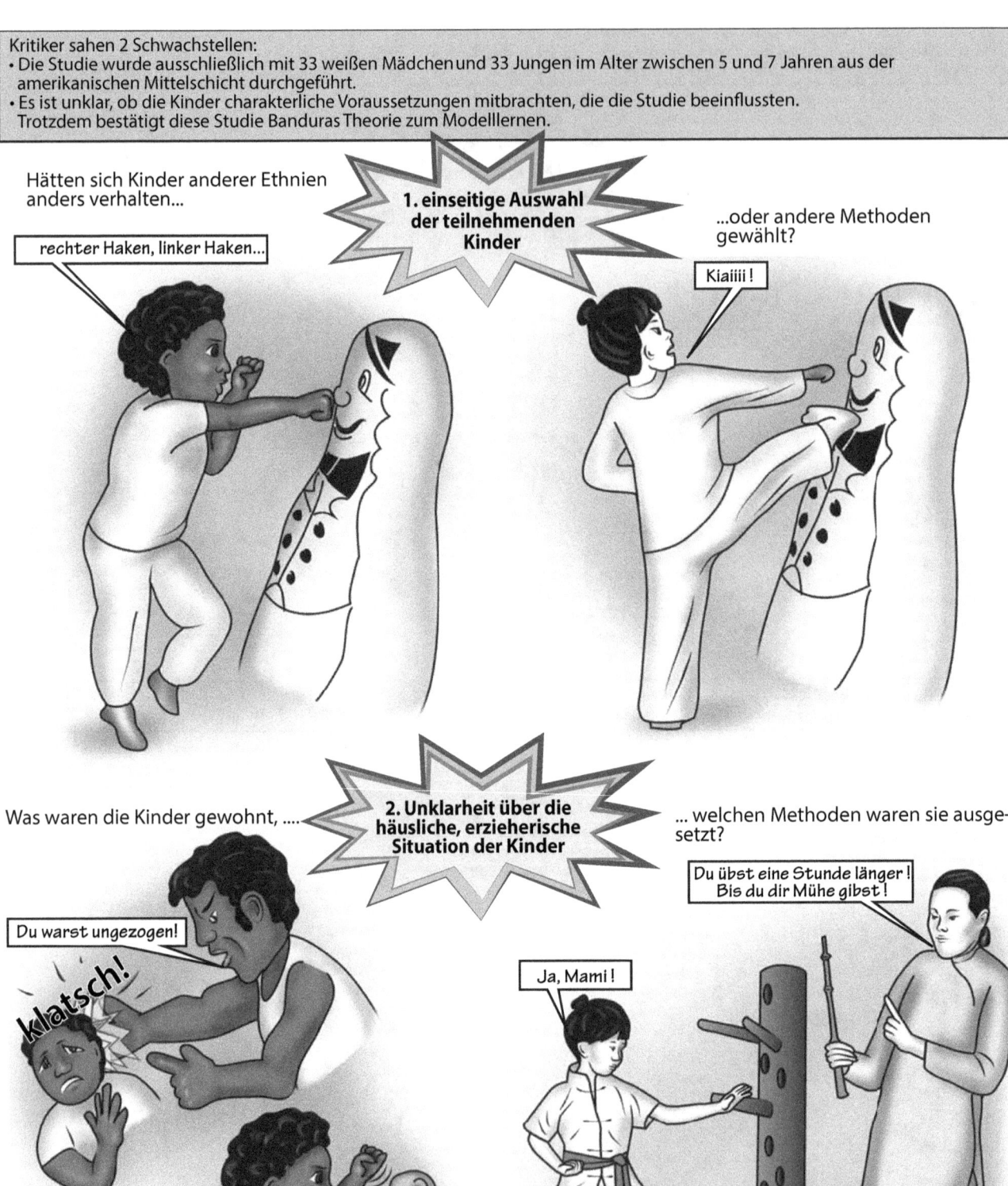

Das Experiment wurde häufig von Videospielgegnern zum Nachweis der Aneignung von aggressiven Verhaltensweisen durch Beobachtung herangezogen. Dieser Zusammenhang gilt allerdings als widerlegt, da es sich in der Studie um kleine Kinder handelt, bei PC- und Videospielern um Heranwachsende und Erwachsene.

Allgemeine Psychologie III Kapitel 12

Gedächtnis

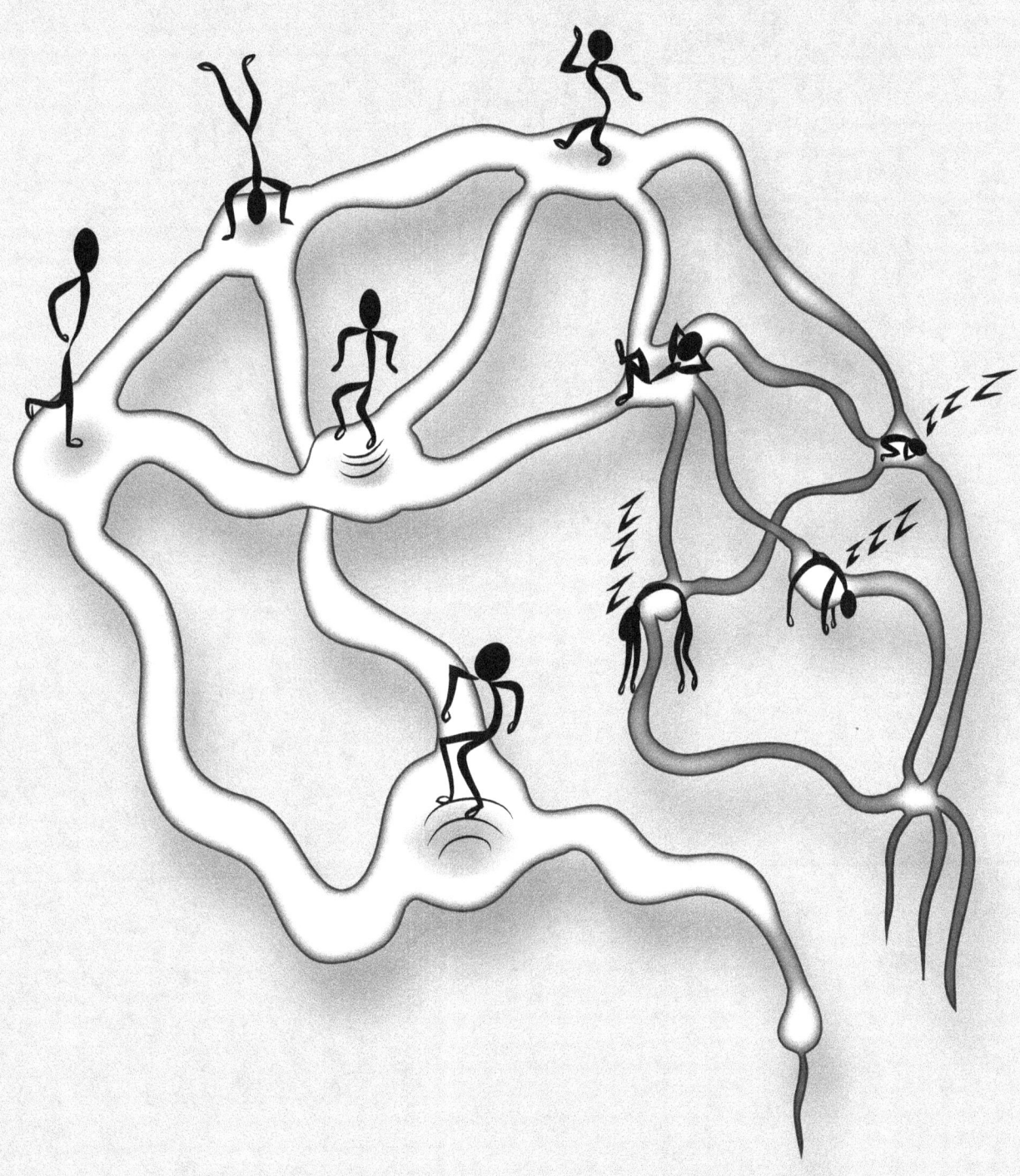

Gedächtnismodell von **Craik & Lockhart (Einspeichermodell) 1972**: das Gedächtnis besteht aus einem einzigen Speicher, Informationen werden umso besser behalten je tiefer sie verarbeitet werden, d.h. je mehr Aufmerksamkeit wir einer Information zuwenden und je mehr Verarbeitungsebenen wir nutzen (also Sehen, Hören, Bedeutung), desto besser behalten wir sie

physikalisch (z. B. Schriftbild)

akustisch (z. B. Klang)

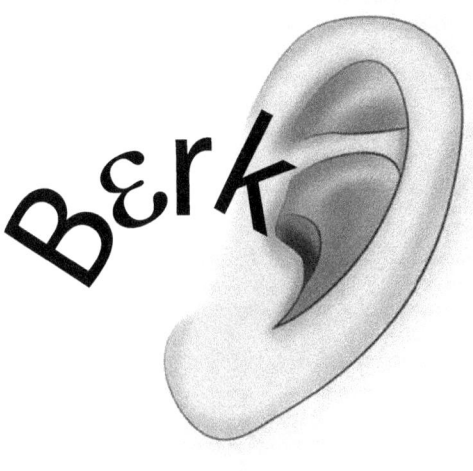

semantisch (z. B. Wortbedeutung)

selbstbezogen (eigenes Selbstkonzept)

Gedächtnismodell von Atkinson & Shiffrin (Mehrspeichermodell) 1968: Wahrgenommene Informationen kommen zuerst ins sensorische Register, nur die wichtigsten davon ins Kurzzeitgedächtnis und davon wieder nur die wichtigsten ins Langzeitgedächtnis. Man kann sich das so vorstellen:
- Im sensorischen Register wird zunächst alles gespeichert, was wir wahrnehmen. Hier können Informationen aber nur 250 ms bleiben.
- In das Kurzzeitgedächtnis passen ca. 7 sogenannte Chunks – das sind Informationseinheiten, also z.B. sieben Zahlen, sieben Farben usw. Man kann das Kurzzeitgedächtnis austricksen, indem man Informationen zusammenfasst, also wenn ich z.B. eine Zahlenreihe auswendig lernen will kann ich mir die merken mit 1 – 3 – 7 – 2 – 5 – 0 – 9 oder aber ich merke mir 13 – 72 – 50 – 98 – 14 – 65 – 21 Im zweiten Fall habe ich mir mehr Zahlen gemerkt.
- Das Langzeitgedächtnis ist prinzipiell unbegrenzt groß und kann Dinge unbegrenzt lange behalten. Ob wir bestimmte Dinge aber wirklich so lange behalten hängt natürlich davon ab, wie oft ich die Information benutze

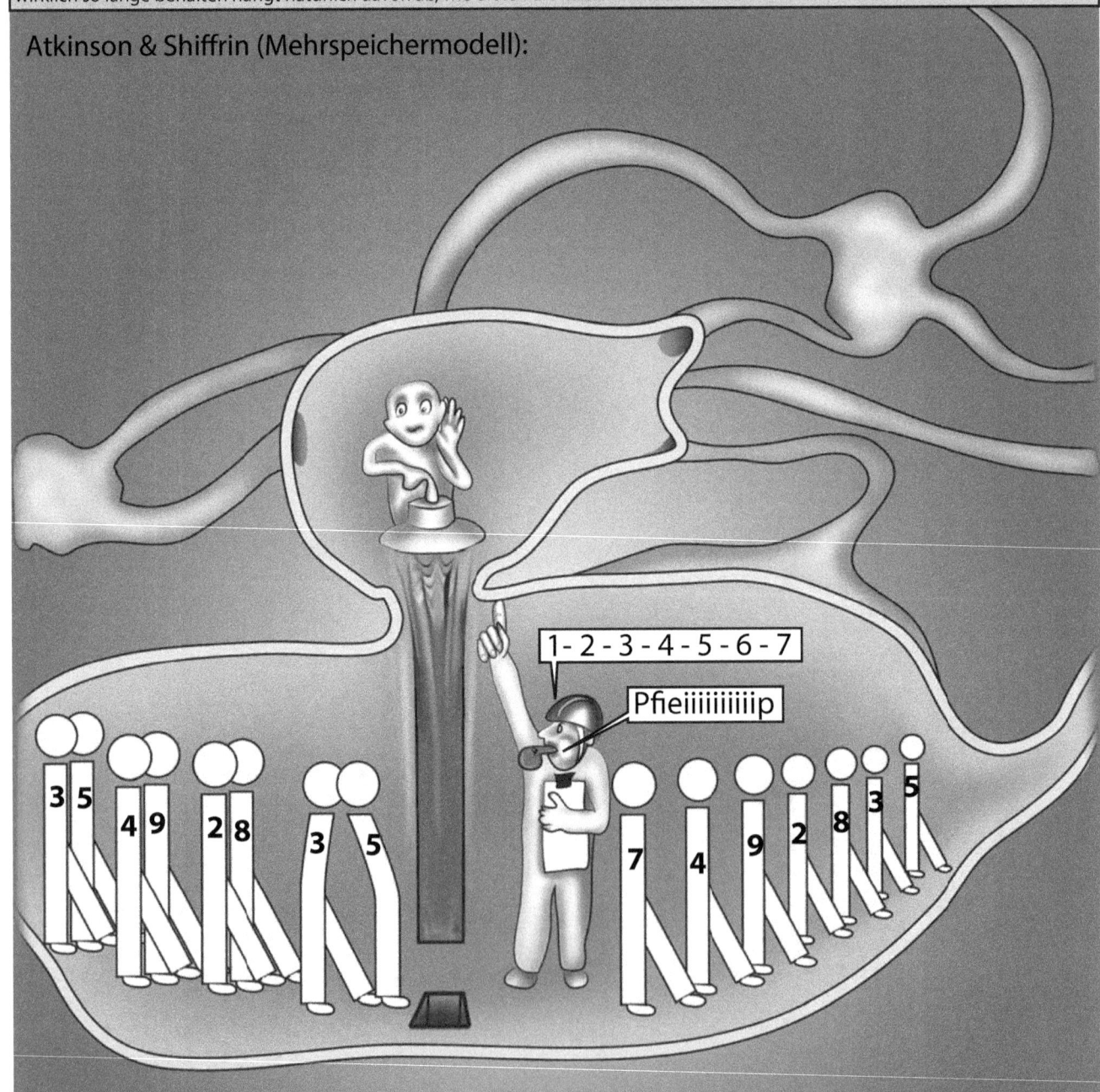

Ein anderer Gedächtnistrick ist neue Informationen mit alten zu verknüpfen, also z.B. kann ich mir den Einkaufszettel merken, indem ich gedanklich durch mein Haus gehe und mir merke:
„Im Bad brauche ich neues Shampoo, Klopapier und Seife"
„In der Küche brauche ich Kartoffeln, Brot und Käse"
„Im Wohnzimmer brauche ich Chips, Erdnüsse und Wein"

In letzter Zeit kommen immer mehr künstliche Intelligenzen (KI) auf den Markt, die unser Gedächtnis entlasten sollen:
Sicher ist es angenehm, wenn man an einen Termin erinnert wird. Wenn dieser allerdings nicht langfristig eingeplant ist, kann es unangenehm werden, wenn wir auf einer Wanderung im Wald daran erinnert werden, dass wir in einer halben Stunde einen Termin in der Stadt haben. Die KI hat kein Vorstellungsvermögen und kombiniert, vergleicht und ergänzt nicht.
Diese Geräte sind ein interessanter Anfang, können unsere Merkfähigkeit und unser Gedächtnis aber nicht ersetzen. Es gibt Bedenken, dass unsere Merkfähigkeit nachlässt, wenn wir uns zu sehr auf die KI verlassen und unser Gehirn dadurch zu wenig trainiert wird. Als Gegenargument steht die Überlegung, dass wir mehr Raum für neue Inhalte hätten, wenn wir uns nicht ständig mit Alltäglichem beschäftigen müssen.

* Originalwiedergabe einer KI

Man kann die KI aber in jedem Fall als Bereicherung betrachten, wenn man Humor hat und seine Merkfähigkeit auf eine andere Art trainieren möchte. Außerdem spart man Papier, für Einkaufszettel wenn man eine App nutzt, und schont somit den Wald.

Arbeitsgedächtnismodell von Baddeley 1974: Baddeley teilt das Kurzzeitgedächtnis von Atkinson und Shiffrin nochmal in verschiedene Komponenten aus: einmal ein räumliches Vorstellungsvermögen, ein phonologischer Speicher, wo sprachliche Informationen gespeichert werden und der episodische Puffer, der sich zusammenhängende Informationen merkt. Wesentlich ist hier die phonologische Schleife, Baddeley geht davon aus, dass wir innerlich ständig mit uns selbst sprechen und auf diese Weise die Informationen verarbeiten (deshalb Arbeitsgedächtnis). Das ist der Grund dafür, warum uns Sprache am meisten vom Lernen ablenkt (z.B. Instrumentalmusik hören lenkt beim Lernen weniger ab, als Musik mit Text = Irrelevanter Spracheffekt).

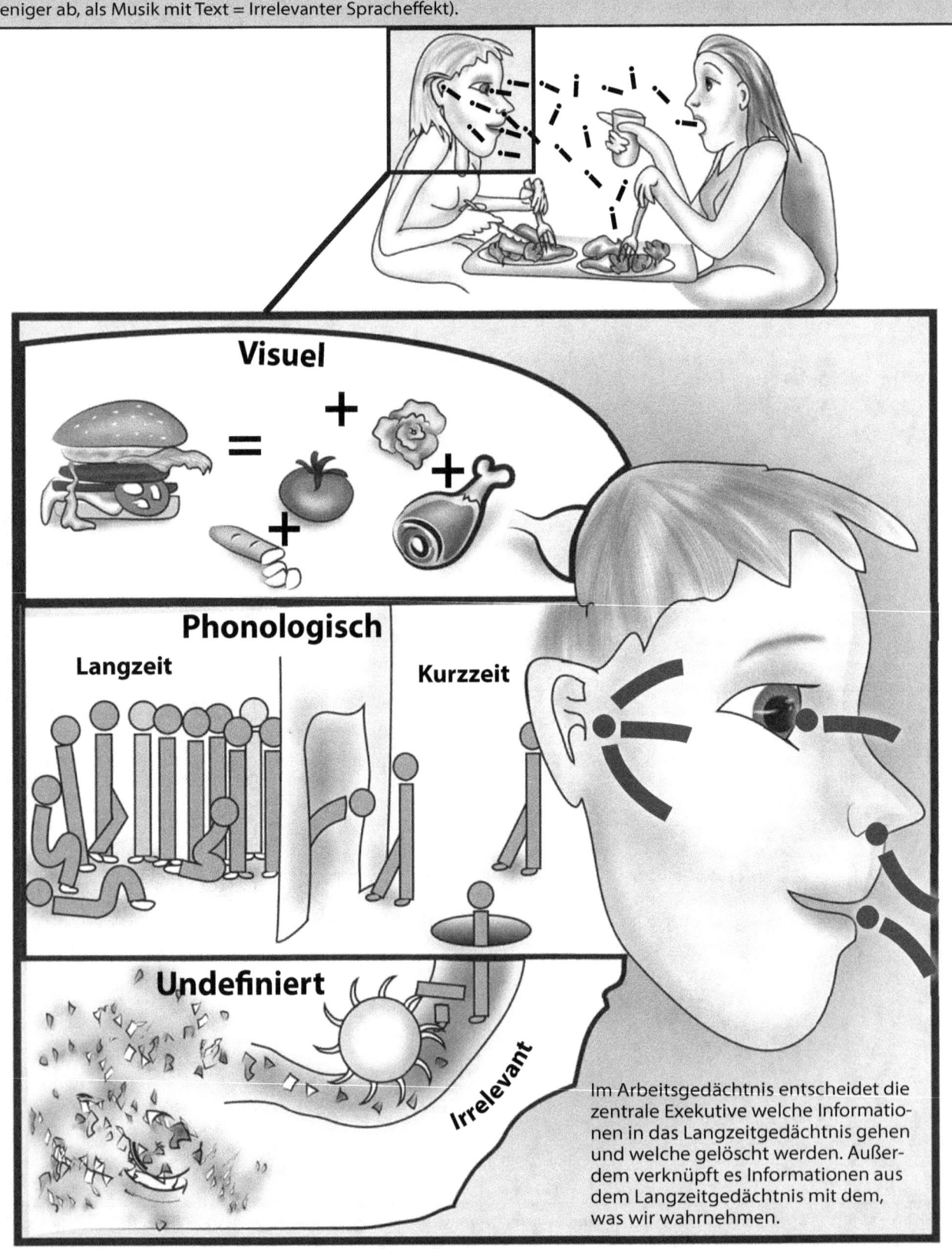

Im Arbeitsgedächtnis entscheidet die zentrale Exekutive welche Informationen in das Langzeitgedächtnis gehen und welche gelöscht werden. Außerdem verknüpft es Informationen aus dem Langzeitgedächtnis mit dem, was wir wahrnehmen.

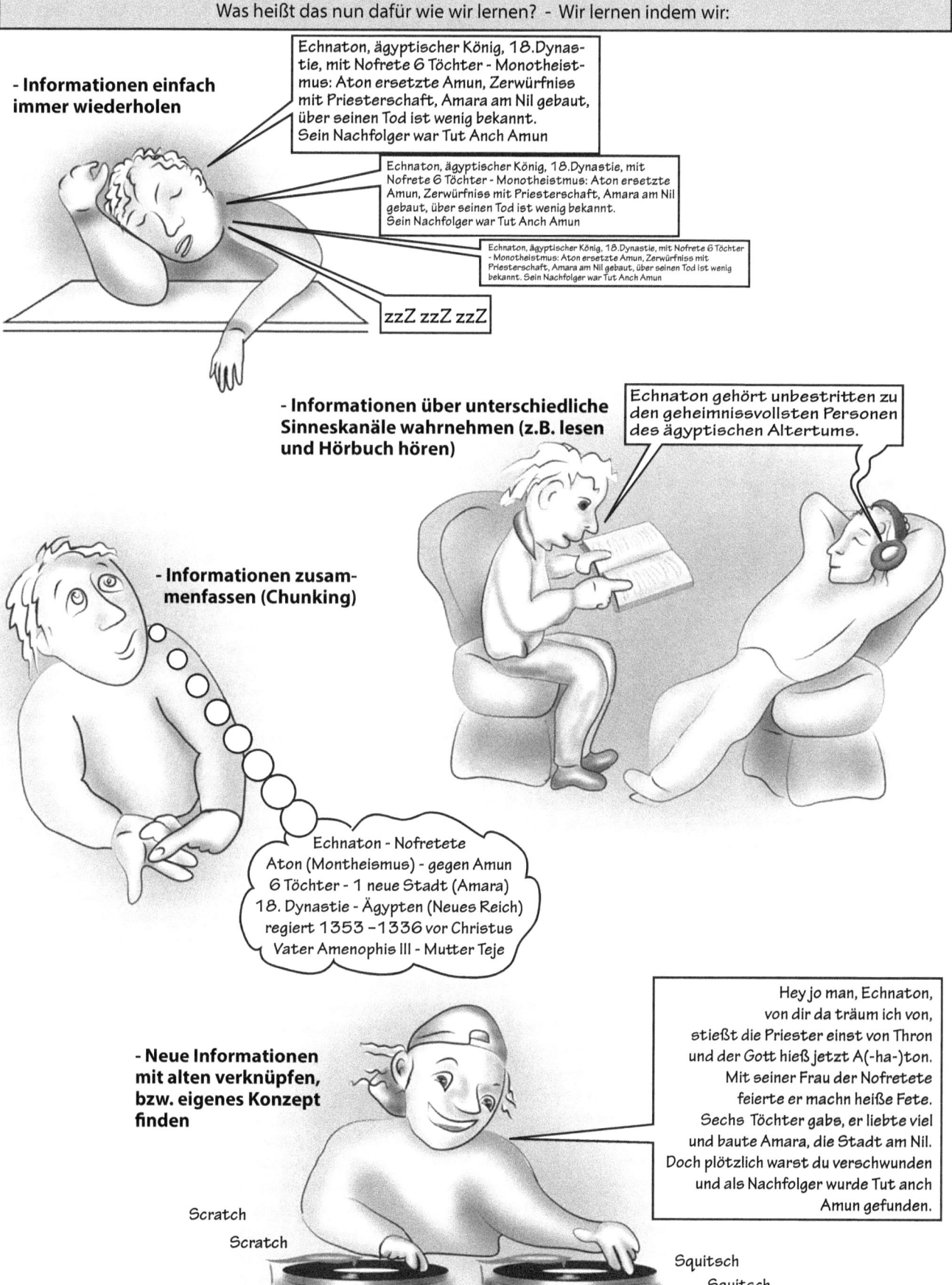

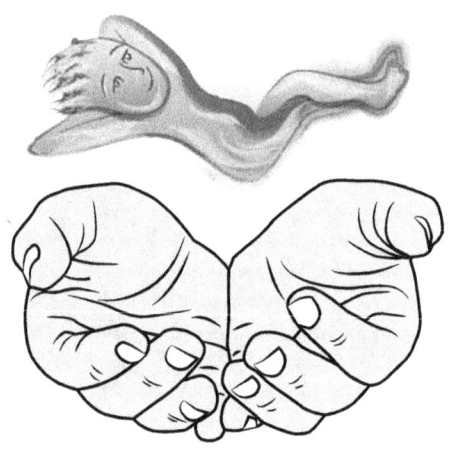

Allgemeine Psychologie IV Kapitel 13

Emotionen

© Springer-Verlag GmbH Deutschland, ein Teil von Springer Nature 2019
C. Goerigk und F. Schmithüsen, *Der Psycho-Comic*,
https://doi.org/10.1007/978-3-662-59072-0_13

Viele Forscher haben versucht, Emotionen zu klassifizieren, aktuell haben sich die in zahlreichen Untersuchungen nachgewiesenen **Grundemotionen von Ekman** durchgesetzt (**Ekman & Friesen, 1971**).
Emotionen werden wie folgt klassifiziert:
• Emotionen sind Zustände von Personen. Im Gegensatz zu Persönlichkeitsmerkmalen sind sie zeitlich begrenzt. d. h. die verschiedenen Emotionen (z. B. Ärger oder Angst) können intensiver oder weniger intensiv sein und länger oder kürzer dauern.
• Emotionen sind in der Regel objektgerichtet, d. h. sie entstehen in Reaktion auf etwas (z. B. man freut sich über eine gute Note oder eine Verabredung).
• Personen in einem emotionalen Zustand haben normalerweise ein charakteristisches Erleben (subjektive Komponente). Häufig treten auch bestimmte physiologische Veränderungen und Verhaltensweisen auf (sog. Reaktionstrias).

Bei der Erforschung von Emotionen beschrieb Ekman sieben universelle Grundemotionen, die sich hinsichtlich ihres mimischen Gesichtsausdrucks unterscheiden lassen und die kulturunabhängig erkannt werden:

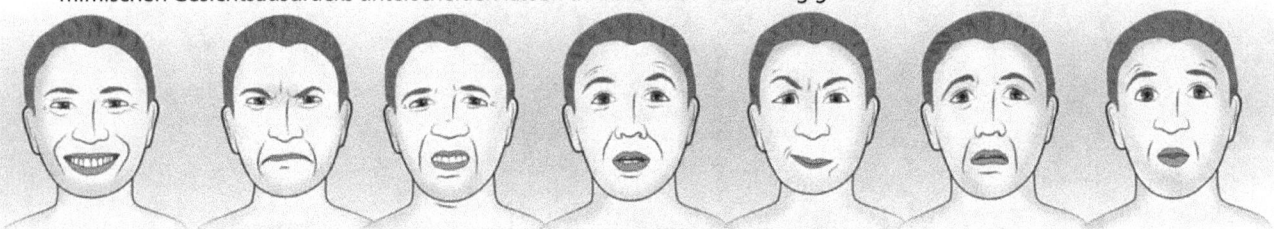

Freude   Wut   Ekel   Furcht   Verachtung   Traurigkeit   Überraschung

Wozu haben wir Emotionen? Emotionen erfüllen 4 wichtige Funktionen:

1. Emotionen helfen dabei, eine Situation einzuschätzen und eine angemessene Reaktion zu wählen (z. B. würden wir beim Auftreten von Angst aus einer Situation fliehen).

2. Emotionen beeinflussen Stärke und Dauer unserer Reaktionen (Freude kann uns beispielsweise ein Verhalten beibehalten lassen).

3. Emotionen sorgen dafür, dass wir uns erfolgreiche Verhaltensweisen merken und machen uns Verhaltensweisen bewusst, die misslungen sind.

4. Emotionen haben außerdem eine sozial-kommunikative Funktion: Sie teilen anderen mit, was wir zu tun gedenken.

Der Psycho-Comic Allgemeine Psychologie IV. Emotionen

Eine weitere Theorie ist die **Cannon-Bard-Theorie (1928)**, auch Thalamus-Theorie genannt, sie umfasst folgende Grundannahmen:
• Das Gehirn ist unsere Umschaltstation zwischen dem Reiz, der eine Emotion auslöst, und der Reaktion, die sowohl psychisch als auch körperlich sein kann.
• Physiologische Erregung und Emotion entstehen gleichzeitig.
• Somit sind die körperliche und die psychische Reaktion auf Emotionen unabhängig voneinander.

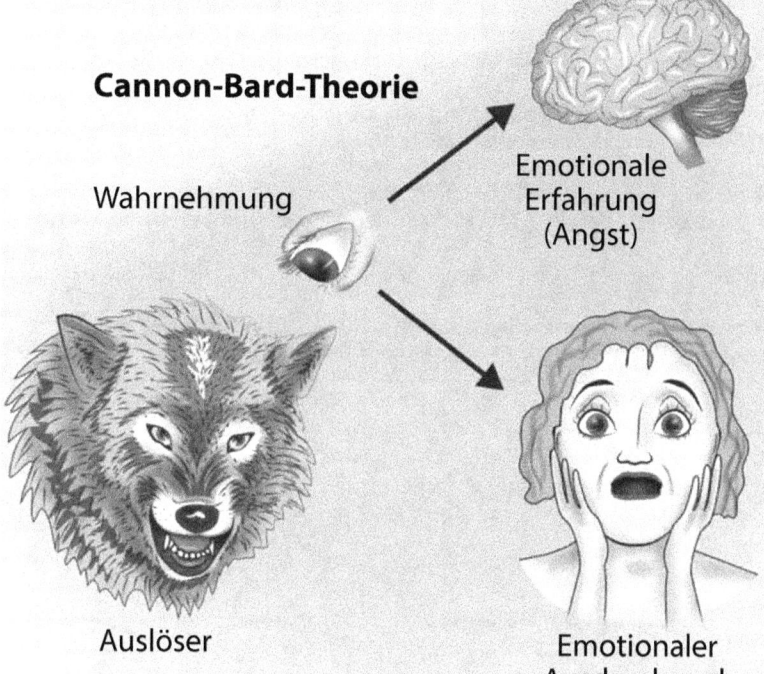

Cannon-Bard-Theorie

Wahrnehmung → Emotionale Erfahrung (Angst)

Auslöser → Emotionaler Ausdruck und physiologische Reaktion

Die **Cannon-Bart-Theorie** geht davon aus, dass der Thalamus alle sensorischen Informationen außer die Geruchsinformationen umschaltet, wobei die Informationen erst im Thalamus ihre emotionale Tönung erhalten. Im Thalamus gibt es neuronale Erregungsmuster, die vom Kortex abgetrennt sind. Bei starken Reizen wird die Hemmung aufgehoben und die Erregung wird an den Kortex, die Skelettmuskulatur und die inneren Organe weitergegeben. Wird der Kortex entfernt, bleiben die Emotionen bestehen. Wird der Thalamus entfernt, entstehen keine Emotionen mehr. **

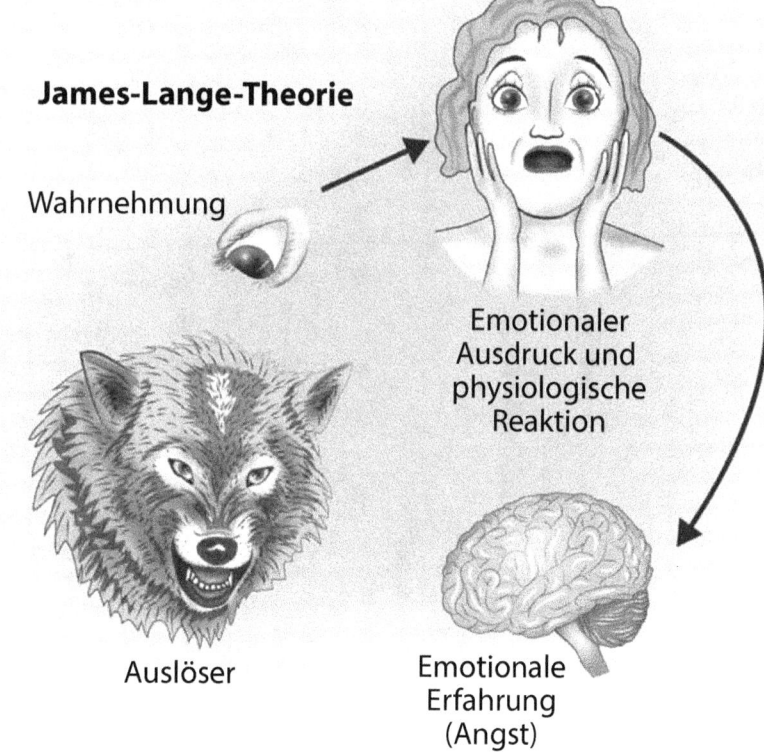

James-Lange-Theorie

Bei der **James-Lange-Theorie** sind Gefühle eher nur Begleiterscheinungen körperlicher Vorgänge. Nach dieser Theorie löst ein Reizereignis eine Erregung im autonomen Nervensystem und andere körperliche Reaktionen aus, die dann zur Wahrnehmung einer spezifischen Emotion führen. Auch nach Lange führt die Wahrnehmung von organismischen Veränderungen zur Emotion. Dabei geht er davon aus, dass Wahrnehmungen von Umwelteindrücken in den Eingeweiden und in der Sklettmuskulatur Veränderungen auslösen. Durch die bewusste Wahrnehmung dieser Veränderungen kommt es dann zur Emotion. **

Wahrnehmung → Emotionaler Ausdruck und physiologische Reaktion

Auslöser → Emotionale Erfahrung (Angst)

** Quelle: Online Lexikon für Psychologie und Pädagogik,
https://lexikon.stangl.eu/5963/james-lange-theorie/

Eine der ersten wichtigen Emotionstheorien ist die Theorie von **James und Lange (1885)**, die unabhängig voneinander den gleichen Gedanken zu einer Theorie ausbauten (Meyer, Reisenzein & Schutzwohl, 2001; Zimbardo, 2004).
Die James-Lange-Theorie besagt, dass entgegen dem intuitiven Verständnis zunächst die physiologische Reaktion und dann erst die Emotion erfolgt ("wir sind fröhlich, weil wir lachen"). Damit folgen sie Aristoteles' Auffassung.
Darüber hinaus umfasst sie folgende Annahmen:
- Die Wahrnehmung einer erregenden Tatsache ist eine hinreichende und notwendige Bedingung für das Auftreten körperlicher Veränderungen.
- Körperliche Veränderungen sind emotionsspezifisch, Gefühle fühlen sich also deswegen unterschiedlich an, weil sie auf unterschiedlichen körperlichen Reaktionen beruhen.
- Die Emotion ist das bewusste Erleben der körperlichen Veränderung. Weil diese Theorie stark kritisiert wurde, rückte sie immer stärker in den Hintergrund. Inzwischen ist sie Teil neo-jamesianischer Emotionstheorien, z. B. der Gesichtsrückmeldungshypothese.

Diese fußt auf Beobachtungen wie denen im Experiment von Martin und Stepper (1988):
- Aufbau: Versuchspersonen sollen einen Stift entweder mit den Lippen, mit den Zähnen oder mit der Hand halten und beurteilen, wie lustig sie Comics finden.
- Ergebnis: Die Personen, deren Mimik einem Lächeln am Nächsten kam, weil sie den Stift mit den Zähnen hielten, fanden die Comics am lustigsten.
- Aus dem Ergebnis leitete man ab, dass experimentelle Veränderungen der Mimik einen Einfluss auf das emotionale Erleben haben, physiologische Veränderungen müssen also bei der Entstehung von Emotionen eine Rolle spielen.

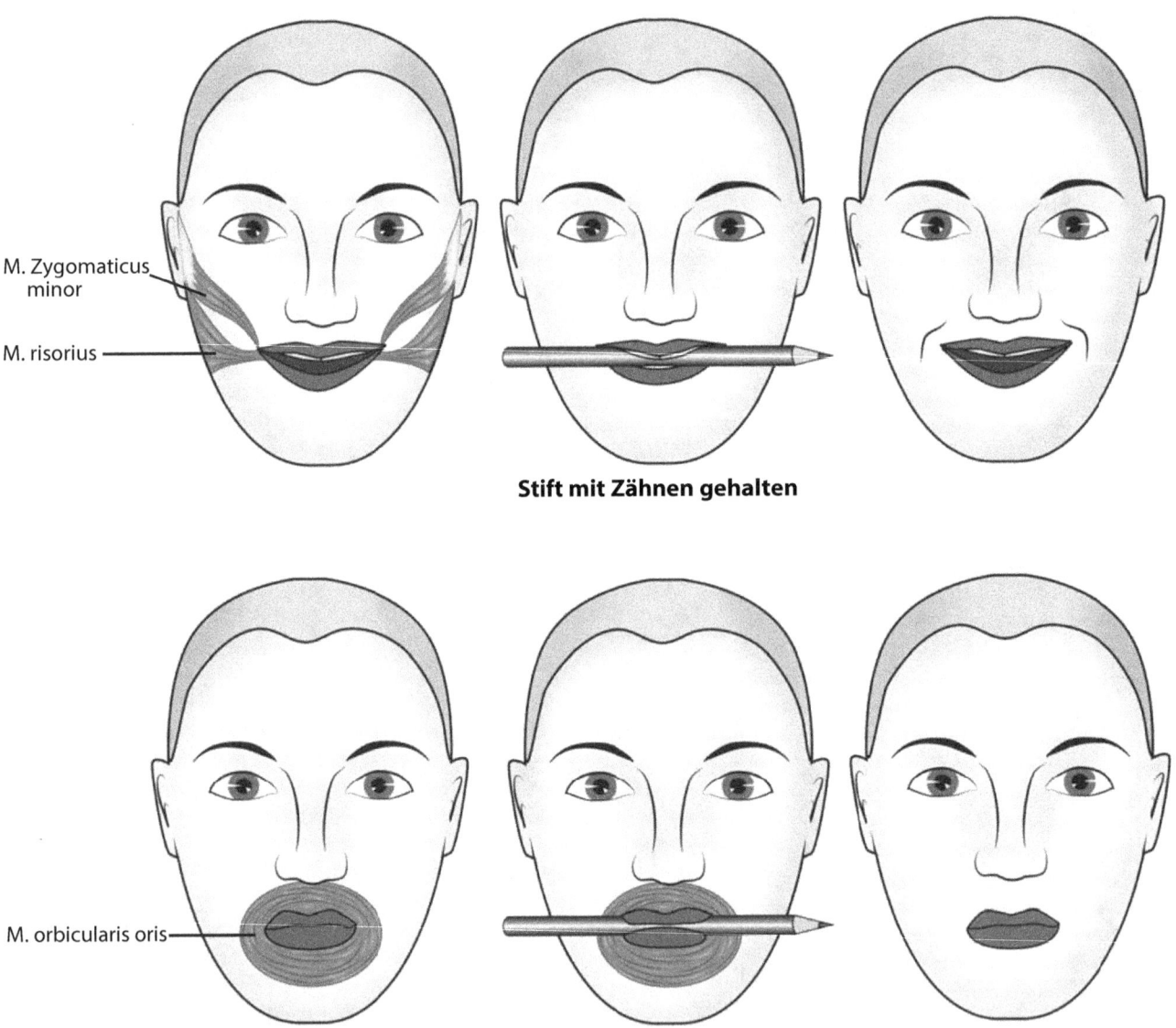

Stift mit Zähnen gehalten

Stift mit Lippen gehalten

Die **Zwei-Faktoren-Theorie nach Schachter und Singer (1964)** wird auch als kognitiv-physiologische Emotionstheorie bezeichnet. Folgende zwei Faktoren müssen vorliegen, um eine Emotion zu erzeugen:
• Physiologische Erregung
• Kognition (Bewertung des Ereignisses und Kausalattribution)
Beide Faktoren müssen gemeinsam vorliegen, um eine Emotion zu erzeugen:
Tritt ein Ereignis auf, muss man eine physiologische Erregung spüren, das Ereignis als emotionsrelevant einstufen und das Ereignis und die Erregung kausal miteinander verknüpfen.

• **Der alltägliche Fall:** Gewöhnlich entstehen Emotionen vollkommen automatisch durch die Einschätzung der Situation aufgrund von vorhandenem Wissen. In diesem Fall sind beide Faktoren (physiologische Reaktion und Kognition) eng miteinander verknüpft (z.B. bei Angst vor einem Hund).

• **Der nicht-alltägliche Fall:** Nur wenn eine Situation unbekannt ist, nimmt man zuerst die physiologische Erregung wahr und sucht erst danach nach Ursachen und schätzt die Situation emotional ein (man merkt z.B. vor einer Prüfung, dass man schwitzt, und hält das für ein Zeichen von Prüfungsangst).

Valins befasste sich inspiriert durch die Theorie von Schachter und Singer ebenfalls mit Experimenten zu emotionalen Reaktionen. Valins ging noch einen Schritt weiter und hatte die Hypothese, dass Gefühle auch dann ausgelöst werden, wenn man nur glaubt, erregt zu sein. Dieser Grundidee ging er **1966** in folgendem Experiment nach:
Männliche Versuchspersonen betrachten Playboy-Fotos und hören dabei einen (manipulierten) Herzschlag.
- Der Experimentalgruppe täuscht man vor, es handele sich um ihren eigenen Herzschlag, der Kontrollgruppe gegenüber behauptet man dies nicht.
- Bei einigen Fotos hören die Probanden einen schnelleren Herzschlag als bei anderen Fotos.
- Im Anschluss sollen die Versuchsteilnehmer die Attraktivität der abgebildeten Frauen beurteilen.

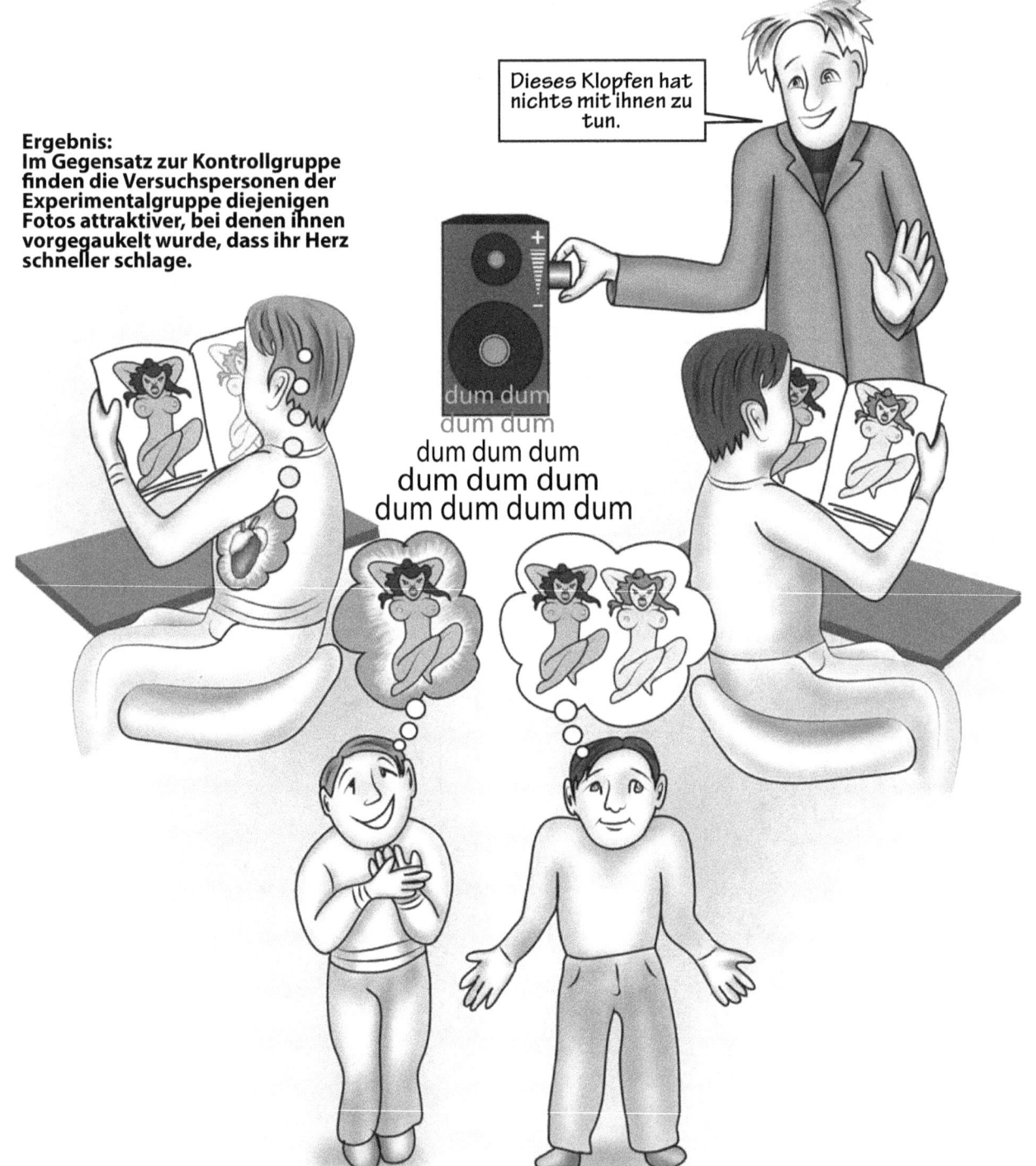

Ergebnis:
Im Gegensatz zur Kontrollgruppe finden die Versuchspersonen der Experimentalgruppe diejenigen Fotos attraktiver, bei denen ihnen vorgegaukelt wurde, dass ihr Herz schneller schlage.

Aufgrund dieses Valins-Effekt musste die Zwei-Faktoren-Theorie angepasst werden:
- Die reale Erregung muss bewusst wahrgenommen werden, um eine Emotion auszulösen. Unbewusste Veränderungen im autonomen Erregungsniveau führen nicht zu einer Emotion.
- Ob die Information über den Erregungszustand real ist oder nicht, ob sie von innen oder außen kommt ist dabei nicht relevant, der Betreffende muss nur glauben, die Erregung habe etwas mit seinem inneren Zustand zu tun.

Die rein kognitive **Emotionstheorie von Weiner (1995)** entstand im Rahmen der Attributionsforschung. Emotionen entstehen demnach nur aufgrund der kognitiven Verarbeitung einer Situation - und zwar entweder während oder erst nach Abschluss dieser Verarbeitung. Die Differenziertheit der Emotion hängt davon ab, wie viel kognitive Verarbeitung ihr vorausgegangen ist. Der Prozess der Emotionsentstehung nach Weiner:
- Tatsächliche oder eingebildete Wahrnehmung eines Ereignisses;
- Bewertung des Ereignisses (positiv oder negativ);
- Möglicherweise Entstehung einer hiervon abhängigen Emotion (Beispiel: Wird ein Sachverhalt positiv bewertet, entsteht Freude);
- Analyse der Ursache des Ereignisses und damit einhergehend die Kausalattribution, hiervon abhängig sind unterschiedliche Emotionen möglich (wird z. B. die eigene Leistung als Ursache für ein positives Ereignis ausgemacht, entsteht Stolz);
- Zuschreibung von Verantwortung und normative Bewertung, hiervon abhängig sind unterschiedliche normabhängige Emotionen möglich (wird z. B. Verantwortung für ein gesellschaftlich negativ bewertetes Ereignis übernommen, entsteht Schuld).

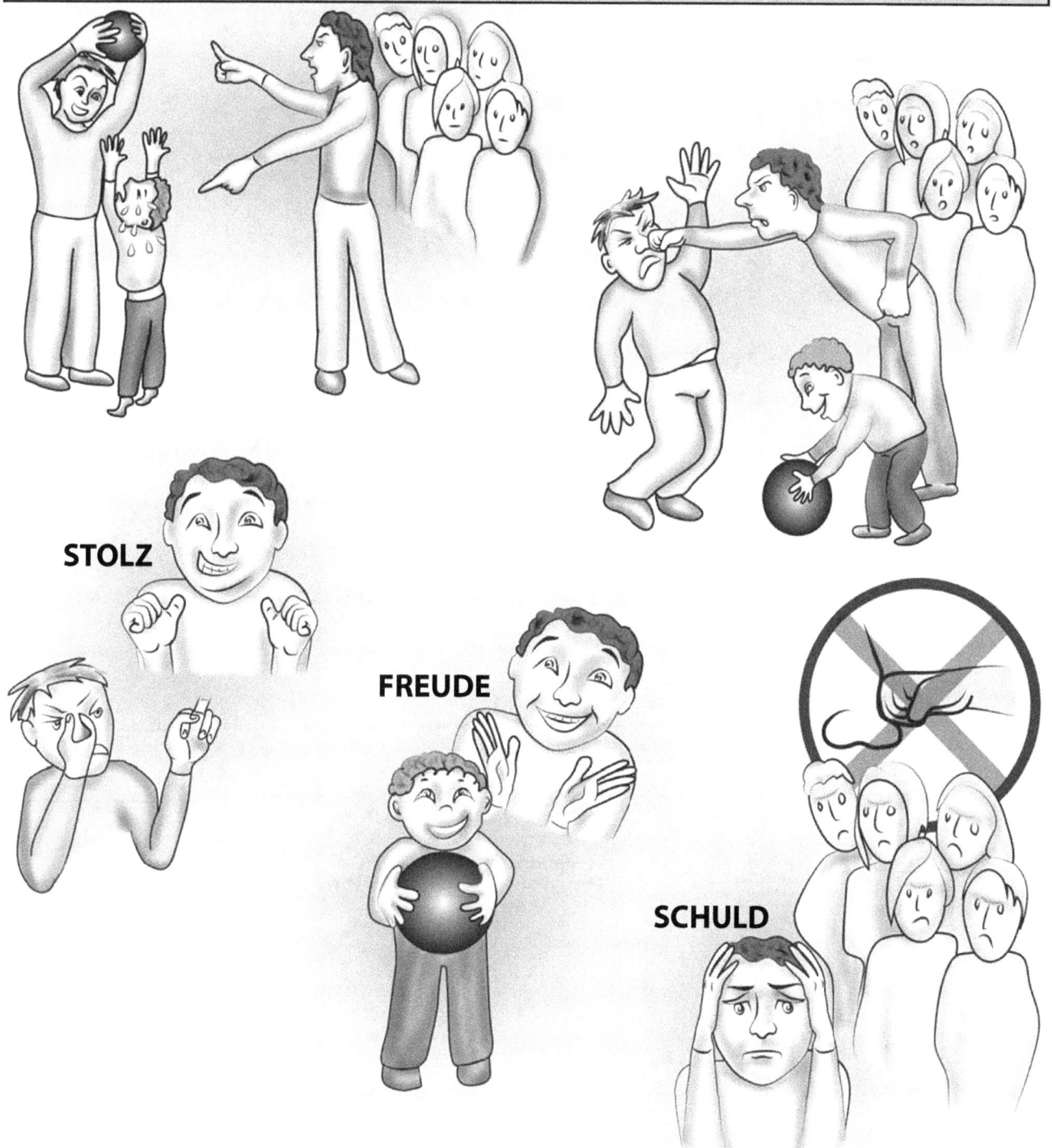

Die **kognitiv-relationale Theorie von Lazarus (1968)** ist v. a. als Stresstheorie bekannt geworden.
Auch für Lazarus sind Emotionen das Ergebnis eines kognitiven Bewertungsprozesses (Reisenzein, Meyer & Schützwohl, 2003).
Die Einschätzung einer Situation erfolgt in zwei Schritten:
• primäre Bewertung der Situation als positiv, bedrohlich, schädlich, herausfordernd etc.
• sekundäre Bewertung der verfügbaren Bewältigungsstrategien
Je nach Einschätzung folgt eine Handlungstendenz, die eine physiologische Reaktion und problem- oder emotionsorientierte Bewältigungshandlungen auslöst.
Aus Situationseinschätzung, Handlungstendenz und physiologischer Reaktion entsteht im Gehirn die Emotion.

Wieso wir uns verhören und versprechen

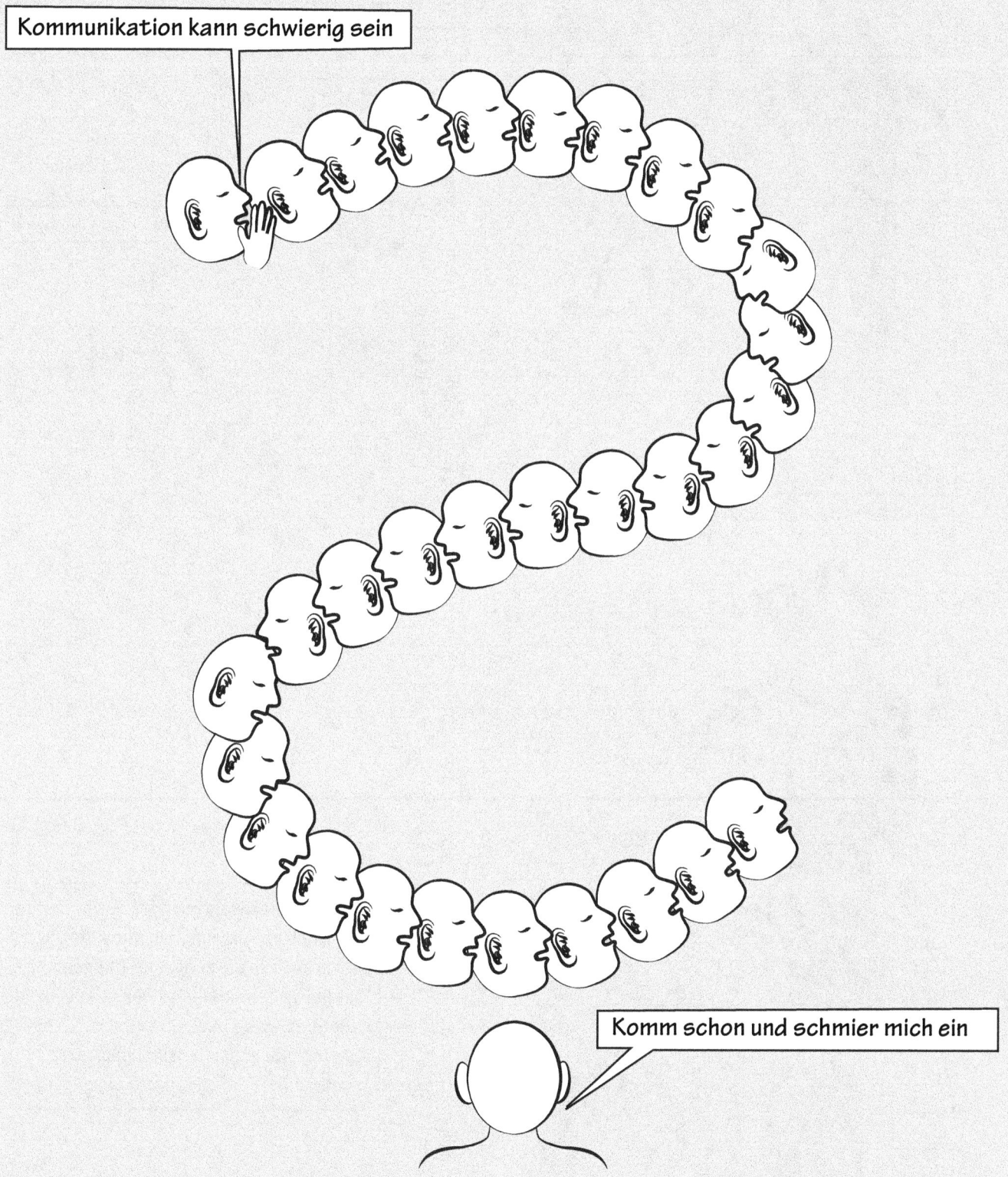

Die **kognitive Psychologie**, als Teil der Allgemeinen Psychologie, entwickelte sich Mitte 20. Jahrhunderts.
Zu der Zeit entstand das Interesse für die Kognitionen, also das Denken. Die Psychologie ist die Lehre vom Erleben und Verhalten, und das Erleben besteht aus Denken, Fühlen und Wollen. Ein Teil des Denkens gründet auf der Sprachwahrnehmung und dem Sprachverständnis.

Neulich im „Siggi", Psychologiestudentin trifft ...

Oh, schön! Ein freier Platz!

Ja, da ist frei. Es ist heute aber auch ganz schön voll!

Ja, es ist toll!

Möchtest du auch einen Becher Wein?

Oh, du meinst wohl ein Glas Wein! Becher sind doch im Allgemeinen aus Plastik… Das ist so ein sprachliches Phänomen. Das heißt semantische Substitution und bedeutet, dass man ein Wort durch ein semantisch, d.h. inhaltlich ähnliches ersetzt.

aha!

Entwicklungspsychologie I Kapitel 15

Kognitive Entwicklung nach Piaget

Jean Piaget (1896-1980) erarbeitete eine bis heute maßgebliche entwicklungspsychologische Theorie zur Kognitiven Entwicklung. Seine Ideen sind trotz einiger nachgewiesener Irrtümer auch heute noch in fast allen Lehrbüchern zu finden. Im Verständnis von Piaget läuft die Entwicklung in Stadien ab, wobei jedes Stadium in einer vorgegebenen Reihenfolge durchlaufen werden muss.

Laut Piaget wird jeder Mensch mit zwei fundamentalen Tendenzen geboren:

Assimilation
(die Veränderung der Umwelt, um diese den eigenen Bedürfnissen, Wünschen etc. anzupassen)

Akkommodation
(die Veränderung des eigenen Verhaltens, um sich selbst den Umweltbedingungen anzupassen)

Jeder Mensch ist bestrebt, durch Akkommodation und Assimilation immer wieder ein Gleichgewicht herzustellen, um "in Harmonie" mit sich und seiner Umgebung zu leben.
Die meisten Menschen spüren eine Spannung, wenn sie auf etwas treffen, das sie nicht verstehen oder nicht wissen.

Nach Piaget ist das **erste Stadium die sensomotorische Phase (0-18/24 Monate)**.
Sie zeichnet sich dadurch aus, dass das Kind in dieser Zeit seine Umwelt im wahrsten Sinne des Wortes begreift, d. h. es entwickelt kognitive Schemata durch Anfassen und Fühlen.

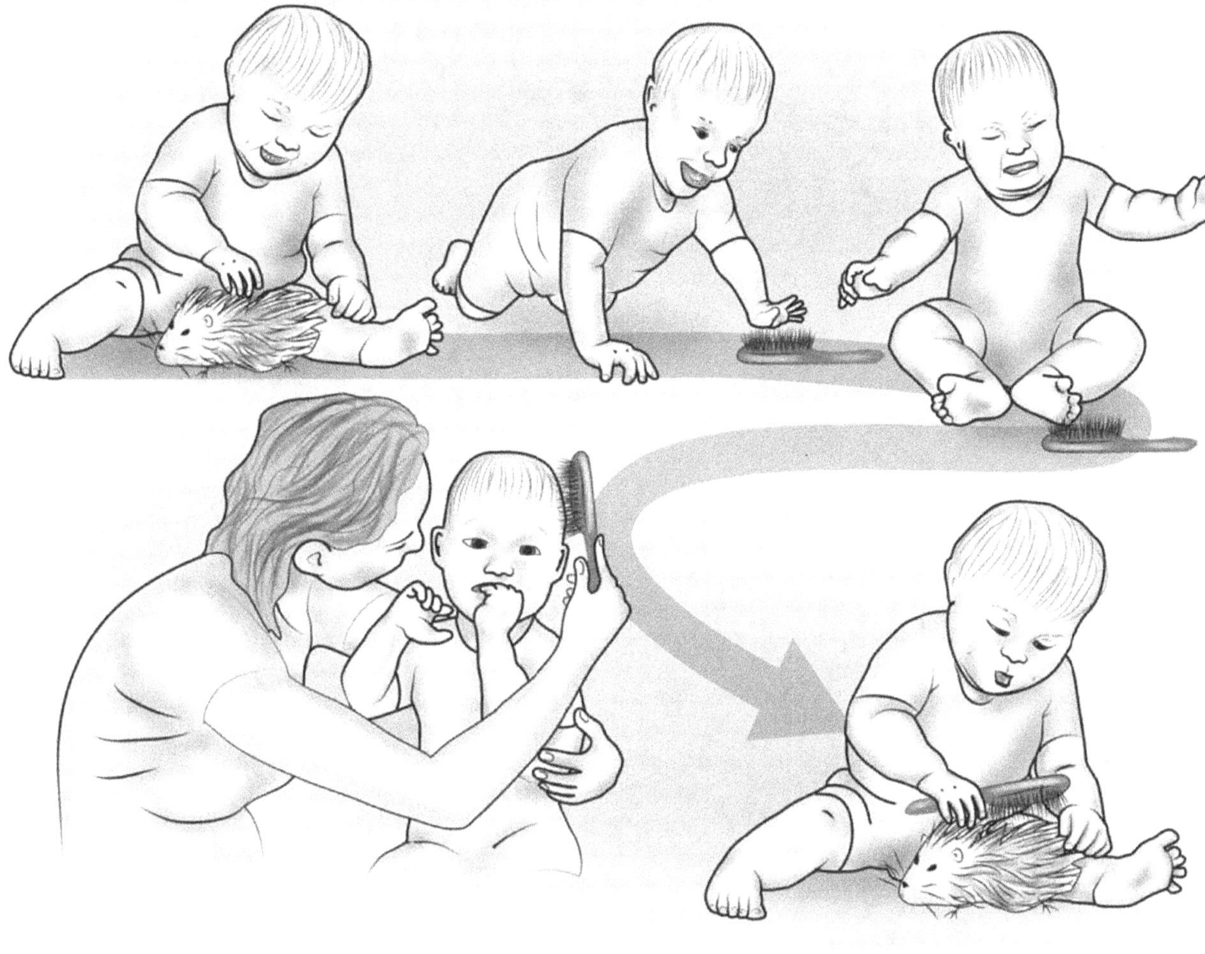

Mit etwa 12 Monaten erkennt das Baby, dass Dinge auch da sind, wenn sie nicht zu sehen sind ("Objektpermanenz").
Es beginnt, zwischen sich selbst und Objekten seiner Umwelt zu unterscheiden.

In der **voroperatorischen Phase (2-7 Jahre)** werden die kognitiven Schemata immer komplexer. Zwischen dem 2. und 4. Lebensjahr ist das Denken symbolisch geprägt, d.h. das Kind versucht, bekannte Schemata auf neue Situationen anzuwenden. Dies äußert sich z. B. in intensiven "Als-ob-Spielen": Das Kind spielt mit einem Bauklotz, als ob er ein Auto ist.

Zwischen dem **4. und 7. Lebensjahr ist das Denken von Anschaulichkeit geprägt**, was zu "Denkfehlern" führt, so u. a. einer animistischen Naturdeutung (d.h. das Kind unterstellt Objekten eine Lebendigkeit, z. B. Berge wachsen), finalistischen Erklärungen (d. h. das Kind hält Objekte für lebendig und glaubt z. B., dass die Bauklötze böse sind, weil der gebaute Turm immer umfällt) oder die Zentrierung auf einen Teilaspekt eines Objekts. Auch kann das Kind in dieser Phase noch keinen Perspektivenwechsel vornehmen, d. h. das Kind glaubt, dass alle anderen die Dinge genauso sehen wie es selbst.

Na, kleiner Hein, für deine vier Jahre hast du fleißig geholfen Äpfel zu sammeln. Dafür bekommst du auch einen Lolly!

Lollybäume! Lollybäume!

Gut, dass ich den Lolly festgehalten hab, da sind die Bäume auch stehen geblieben!

In der **konkret-operatorischen Phase (7-11 Jahre)** sind erste Formen des logischen Schlussfolgerns möglich. Das Kind kann nun Gegenstände und Vorgänge zueinander in Beziehung setzen, d. h. es versteht Relationen wie "schöner" oder "besser", es versteht, dass Summen unabhängig sind von ihrer Reihenfolge und es kann mehrere Variablen gleichzeitig betrachten. Das Regelspiel wird in dieser Phase zur vorherrschenden Spielform.

Im **formal-operatorischen Stadium (ab 12 Jahre)** wird abstraktes Denken möglich. Der Jugendliche kann Probleme nun theoretisch analysieren und Fragestellungen systematisch durchdenken. Das Denken wird unabhängig von der konkreten Wahrnehmung. Im formal-operatorischen Stadium (ab 12 Jahre) wird abstraktes Denken möglich. Der Jugendliche kann Probleme nun theoretisch analysieren und Fragestellungen systematisch durchdenken. Das Denken wird unabhängig von der konkreten Wahrnehmung.

Mama?...wenn du ein sehr bedürftiges Kind sehen würdest...würdest du ihm dann Geld geben?

Hahaha!...was möchtest du dir denn kaufen?!

Ein bekanntes Experiment von Piaget, an dem man die Fähigkeiten der verschiedenen Stadien gut erkennen kann, ist das **Pendelexperiment.**

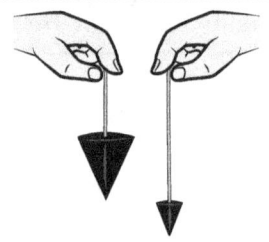

Kindern werden zwei Pendel gezeigt, nämlich ein kurzes, schweres Pendel und ein langes, leichtes Pendel.

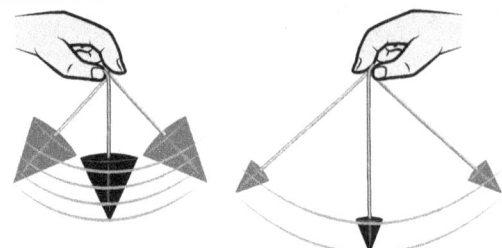

Die Kinder beobachten, dass das kurze, schwere Pendel schneller schwingt als das lange, leichte.

Dann wird die Frage gestellt: **Von welchen Faktoren hängt die Pendelgeschwindigkeit ab?**

4-7 Jahre
Im voroperatorischen Stadium...
zentrieren Kinder einen Aspekt

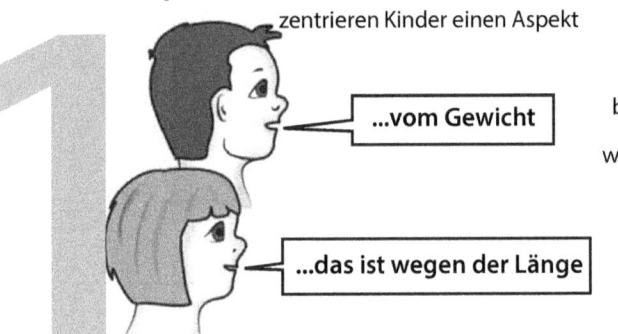

...vom Gewicht

...das ist wegen der Länge

Kinder können nur eine Dimension betrachten, entweder die Länge oder das Gewicht. Sie entscheiden sich willkürlich für eine der beiden Möglichkeiten.

7-11 Jahre
Im konkret-operatorischen Stadium...
...antworten Kinder, dass beide Variablen wichtig sind.

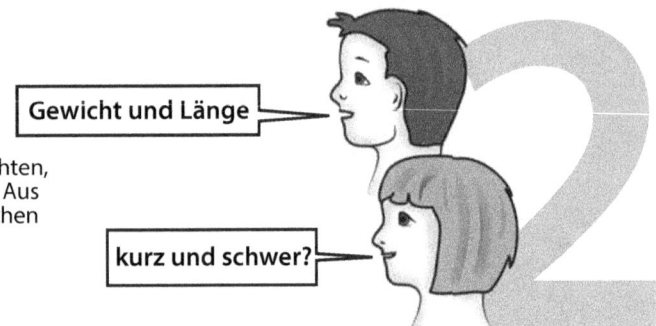

Gewicht und Länge

kurz und schwer?

Kinder können zwar 2 Aspekte betrachten, aber nicht unabhängig voneinander. Aus diesem Grund kommen sie zum falschen Schluss.

11-12 Jahre
Im formal-operatorischen Stadium...
...antworten Jugendliche, dass die Frage ohne weitere Versuche nicht beantwortbar ist, sondern dass man die anderen möglichen Kombinationen ebenfalls ausprobieren müsse.

Jugendliche erkennen, dass es sich bei der beobachteten Situation um zwei von vier möglichen Kombinationen handelt und erkennen deshalb, dass sie zur Lösung des Problems mehr Informationen brauchen.

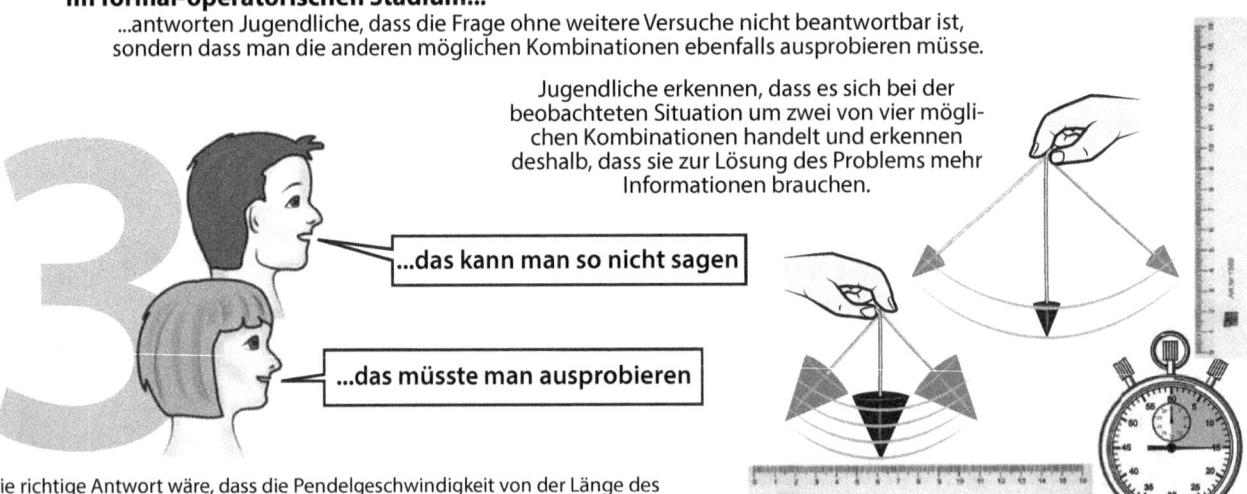

...das kann man so nicht sagen

...das müsste man ausprobieren

Die richtige Antwort wäre, dass die Pendelgeschwindigkeit von der Länge des Pendels abhängt und das Gewicht irrelevant ist.

Piagets Theorie gehört zu einer der einflussreichsten in der ganzen Entwicklungspsychologie. Im Detail wurde die Theorie allerdings neueren Erkenntnissen angepasst. Besonders die Altersangaben haben sich als variabler herausgestellt.

Entwicklungspsychologie II — Kapitel 16

Bindungsverhalten von Kindern

Bindung ist die emotionale Verbindung zwischen einem Kind und seinen Bezugspersonen. Es ist der erste tiefgreifende emotionale Prozess, der das Gehirn eines Neugeborenen beeinflusst, und diese Erfahrung ist grundlegend, da Emotionen auch an allen späteren Lernprozessen beteiligt sind. **John Bowlby** veröffentlichte **1958** in "The Nature of the Child's Tie to his Mother" als erster Theorien zur Bindung eines Kindes. Die Zeitangaben wurden bis heute präzisiert, inhaltlich wurden die Theorien bestätigt.
Die Qualität der emotionalen Kontakte von Babys und Kleinkindern beeinflussen die neuronalen Netzwerke dauerhaft und damit die Qualität der emotionalen Entwicklung.

Diese Prozesse der ersten drei Lebensjahre machen den Menschen nach Bowlby zu dem was er ist.

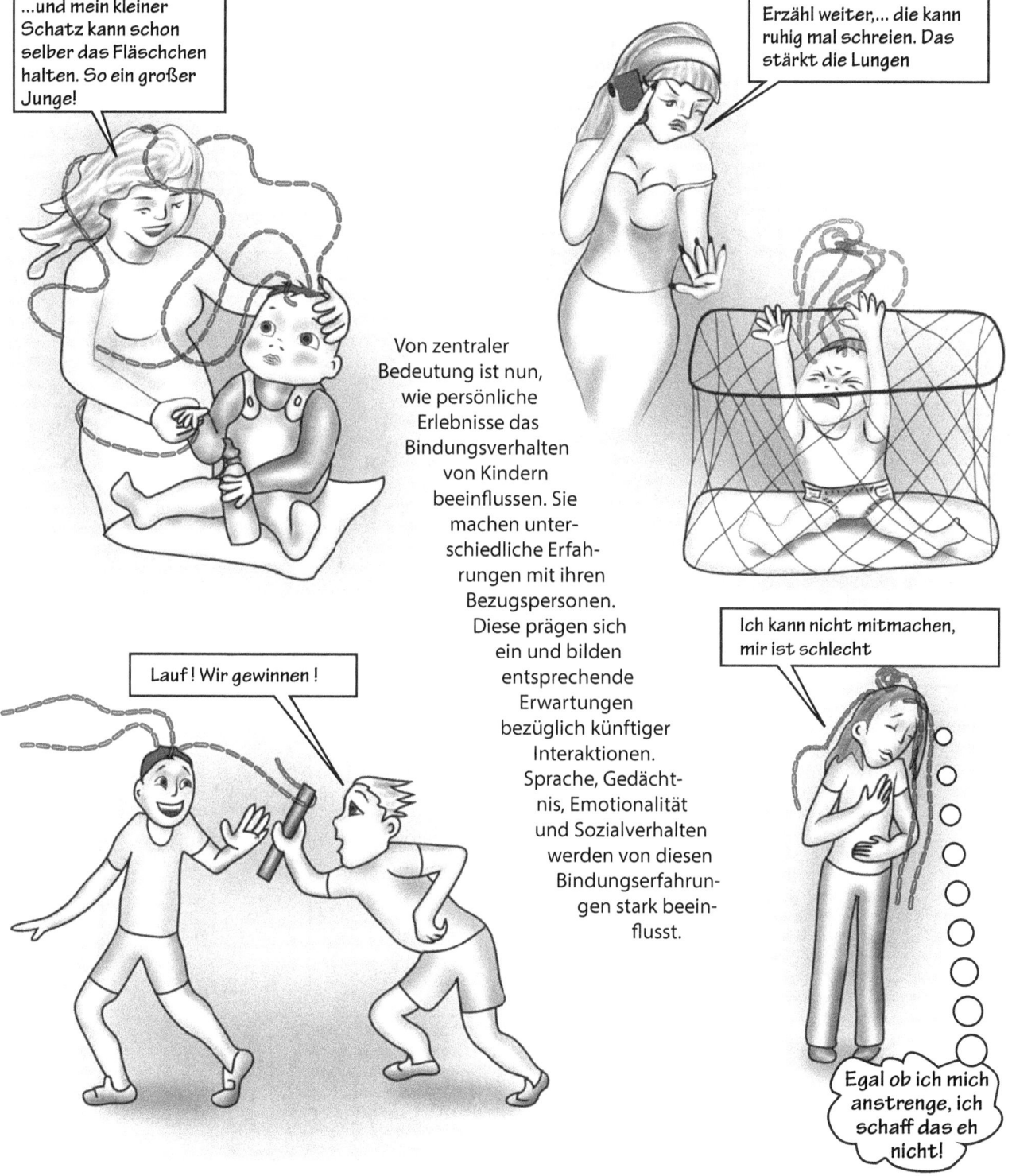

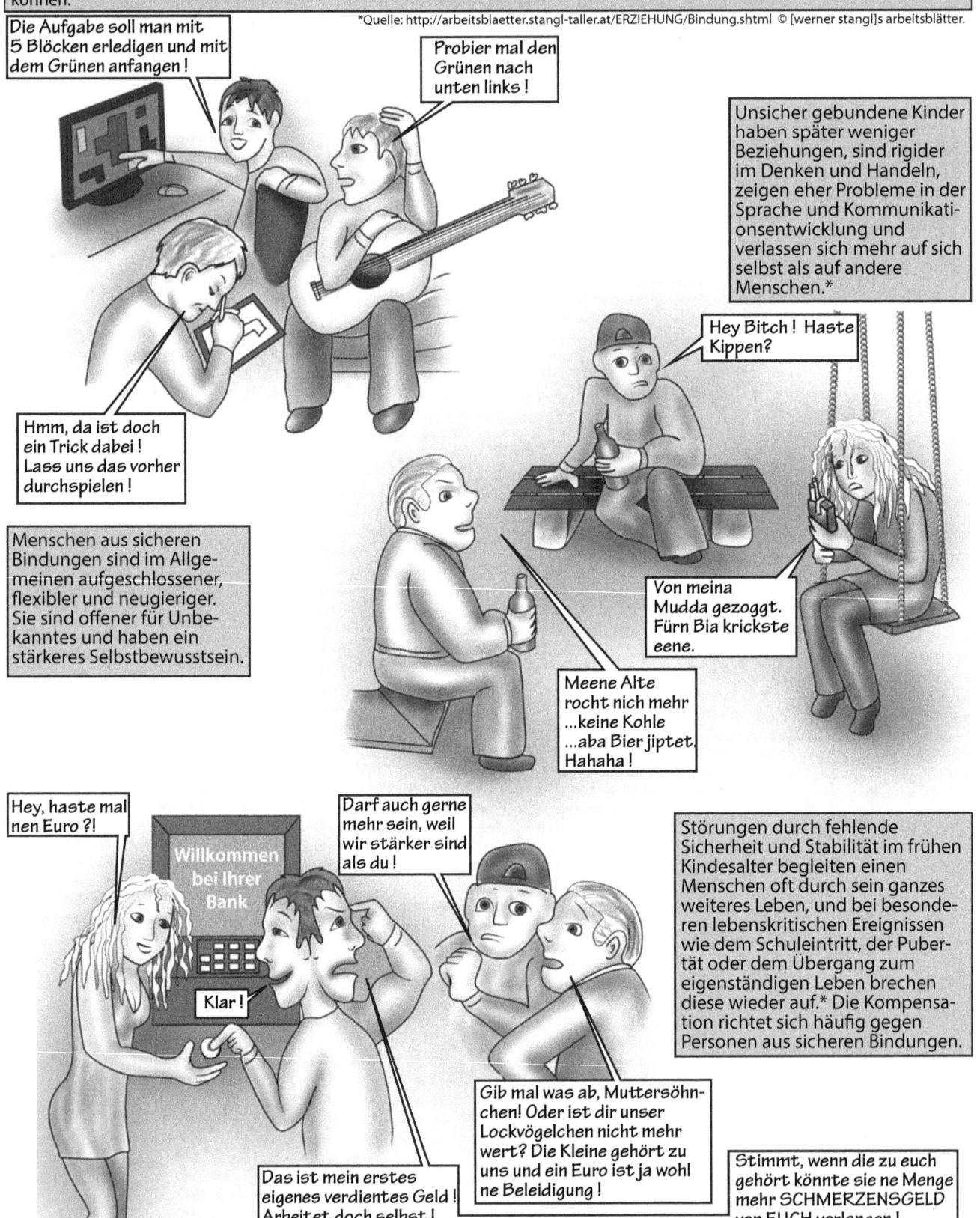

Der Psycho-Comic Entwicklungspsychologie II. Bindungsverhalten

Wegen der Bedeutung der Bindung wurden Tests entwickelt, um die Bindungsqualität bei Kleinkindern zu messen. Der **1970** von **Mary Ainsworth** entwickelte **Strange-Situation-Test** ist der etablierteste. Er bietet bis heute eine Möglichkeit, das abstrakte Thema der Bindungsqualität zu messen und die Interaktion zwischen Mutter und Kind zu interpretieren. **Der Strange-Situation-Test wird bei Kindern durchgeführt, die etwa 12 bis 20 Monate alt sind.**

Der Test läuft in acht Phasen ab:

Mutter und Kind werden vom Versuchsleiter in einen unvertrauten Raum geführt, der mit attraktivem Spielzeug und 2 Stühlen ausgestattet ist.

Mutter und Kind sind nun allein und das Kind kann die Umgebung und die Spielsachen erkunden.

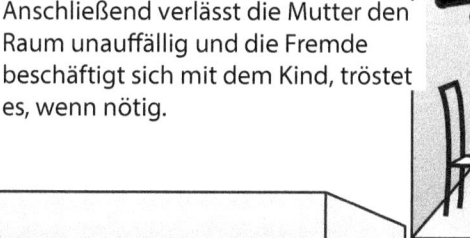

Nun betritt eine Fremde den Raum und unterhält sich erst mit der Mutter und nimmt dann Kontakt mit dem Kind auf.

Anschließend verlässt die Mutter den Raum unauffällig und die Fremde beschäftigt sich mit dem Kind, tröstet es, wenn nötig.

Reunion 1:
Mutter kommt zurück und Fremde geht. Die Mutter versucht das Kind wieder für das Spielzeug zu interessieren.

*Quelle: http://arbeitsblaetter.stangl-taller.at/ERZIEHUNG/Bindung.shtml © [werner stangl]s arbeitsblätter.

Der **Strange-Situation-Test** nach Mary Ainsworth differenzierte 4 Bindungstypen. Allerdings wurde der Test, wahrscheinlich wegen der Instabilität der Ergebnisse, ständig modifiziert.
Die Bindungstypen variierten stark, auch deren Anzahl (bis zu 16 Bindungstypen).

6 Mutter verlässt mit Abschiedsgruß den Raum und lässt das Kind allein

7 Fremde tritt ein und versucht das Kind zu trösten

8 Reunion 2: Mutter kommt wieder und Fremde verlässt den Raum.

Die Auswertung der fremden Situation erfolgt durch eine Einschätzung der beiden Reunionsphasen (Wiedervereinigungsszenen) auf vier 7-stufigen Skalen:

- Nähe suchen
- Kontakt halten
- Widerstand gegen Körperkontakt
- Vermeidungsverhalten

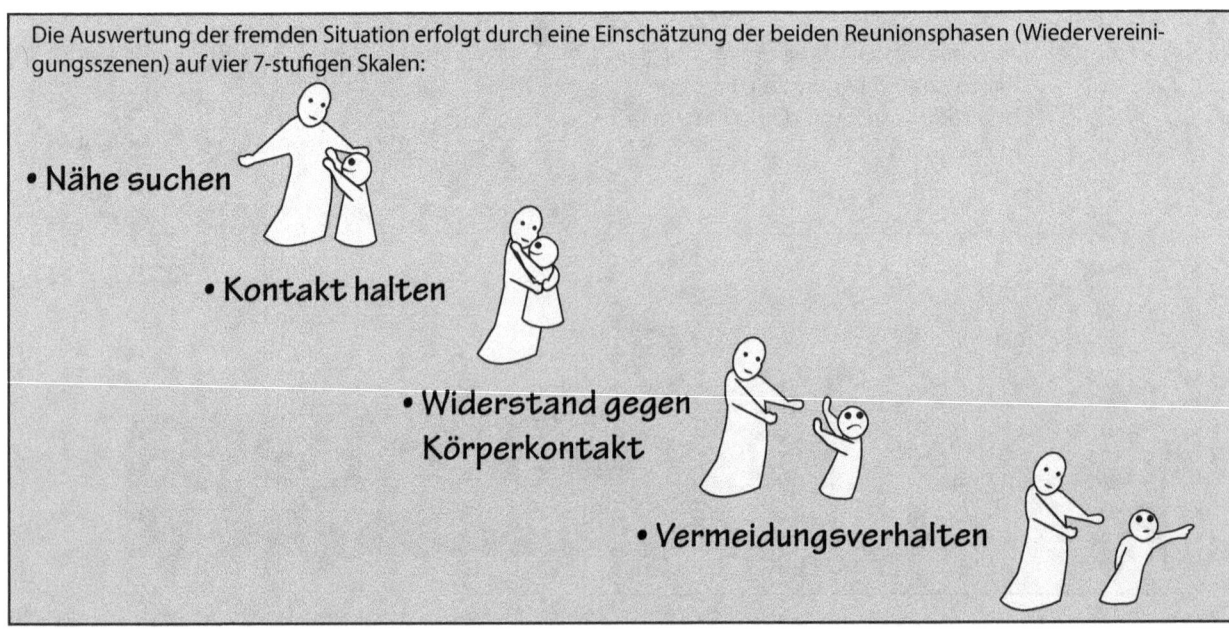

Die vier genannten Bindungstypen sind langfristig relativ instabil, da einerseits immer neue Bindungserfahrungen gemacht werden können, die zu den bisherigen im Widerspruch stehen. Dadurch erfolgt eine Anpassung an die neuen Lebensumstände und Stressoren. Andererseits sind die Methoden zum Messen der Bindungsqualität fehleranfällig.*

Die vier Bindungstypen nach Mary Ainsworths Fremde-Situationen-Test und die korrespondierenden elterlichen Verhaltensweisen

Bindungstypen | Elterliche Verhaltensweisen

1 Sicher gebunden:

Kinder lassen sich schnell wieder beruhigen, wenn Mutter zurückkommt.

Prompt, verlässlich, freundlich

2 Unsicher vermeidend:

Die Kinder erscheinen relativ ungestresst und selbstständig auf der Verhaltensebene, sind aber physiologisch gestresst.

Insensitiv für Signale des Kindes: Mutter vermeidet Körperkontakt und erwartet die eigenständige Regulation der Gefühle des Kindes.

3 Unsicher ambivalent:

Kinder empfinden Kummer, wenn sie alleine gelassen werden; sie suchen Kontakt bei der Rückkehr der Mutter, widerstreben aber andererseits Kontaktversuchen der Mutter.

Manchmal herzlich und zugewandt, manchmal nicht ansprechbar/erreichbar

4 Desorganisiert gebunden:

Nähesuchen wird kurz vor Körperkontakt abgebrochen. Grimassieren: Angstreaktion auf Rückkehr der Mutter.

Überzufällig, oft Missbrauchserfahrung

*Quelle: http://arbeitsblaetter.stangl-taller.at/ERZIEHUNG/Bindung.shtml © [werner stangl]s arbeitsblätter.

Bindung bedeutet, dass das Kind ein Urvertrauen zu einer einzigen Person aufbaut, die nicht austauschbar ist, wobei dieses Bedürfnis des Kindes biologisch verankert ist und zu einer hohen Qualität der Beziehung führen kann, wenn die erwachsene Person darauf mit dem richtigen Verhalten antwortet. Wenn ein Erwachsener für ein Kind einschätzbar ist, dann ist auch das Kind für den Erwachsenen einschätzbar, sodass Bindung immer relational ist und für beide Seiten gilt.

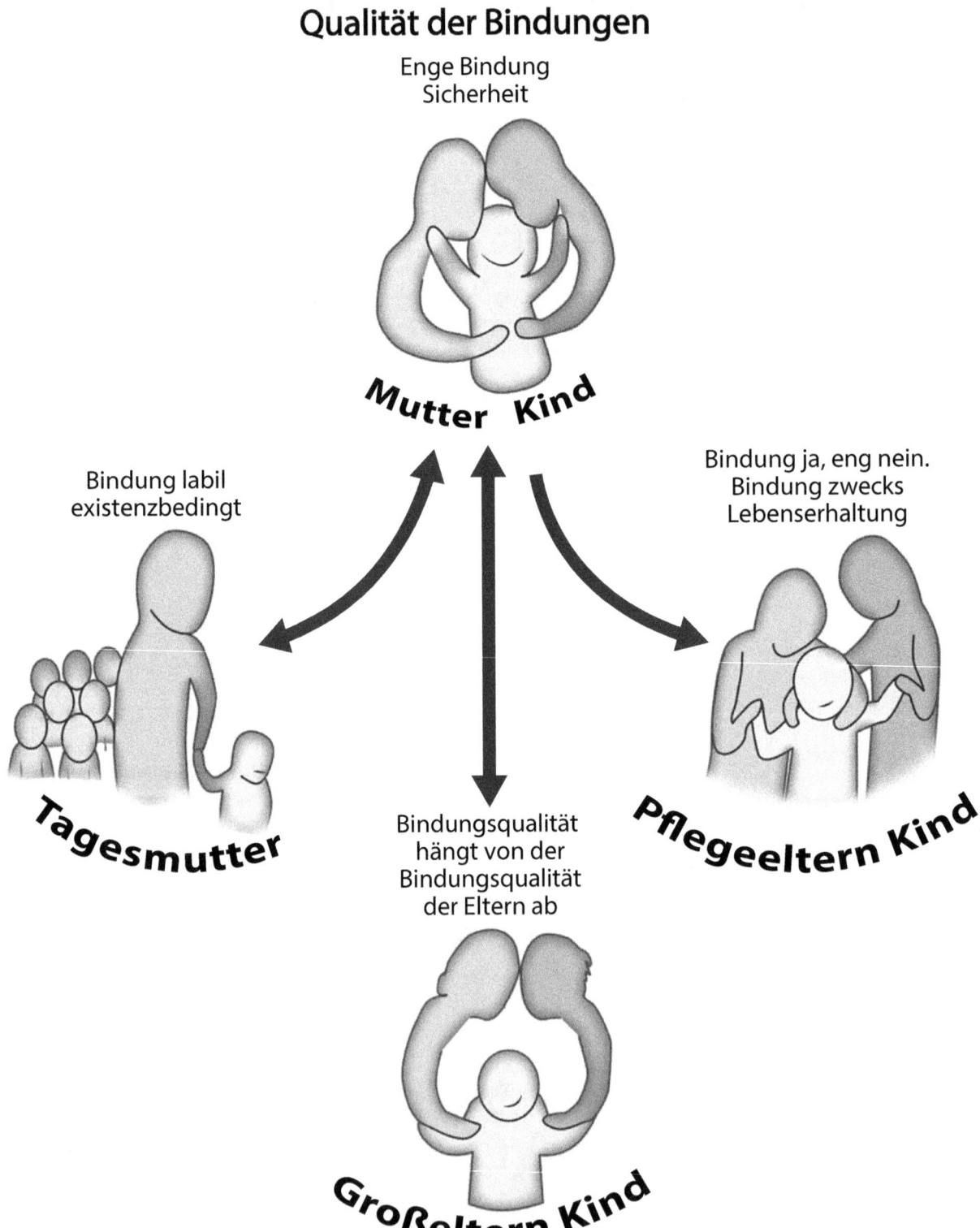

Eine früh erworbene und verfestigte Bindung ist übrigens manchmal so fest, dass sie selbst gegenüber der betreffenden Person auch dann hält, wenn diese das Kind schlecht behandelt bzw. sogar misshandelt.

Persönlichkeitspsychologie I Kapitel 17

Warum sind Menschen so kompliziert?

Die Persönlichkeitsforschung scheint ein unendliches Gebiet zu sein. Der Versuch, DIE Persönlichkeit zu beschreiben, fällt den Persönlichkeitsforschern verständlicherweise schwer. Die Menschen sind einfach zu verschieden, und genauso verschieden sind die Persönlichkeitsmodelle, die seit der Entstehung der Psychoanalyse durch Freud entwickelt wurden. In diesem Kapitel sollen einige vorgestellt werden. Diese etablierten Modelle haben sich über die Zeit erhalten und gegenseitig beeinflusst.
So individuell wie die Menschen, so individuell sind auch die Persönlichkeitsforscher und ihre Ideen und Ansätze.

Jeder Mensch ist einzigartig, er empfindet, reagiert und agiert einzigartig.
Jeder liebt und verabscheut individuell verschiedene Dinge und ein Ereignis ruft unendlich viele Varianten der Reaktion hervor.

Sigmund Freud versuchte eine **allgemeingültige Struktur eines Individuums** zu erarbeiten. Sein Modell ist bis heute die Grundformel aller psychologischen Modelle. Freud teilte das Bewusstsein in **3 Ebenen ein**. Das ist von Religionen und Mythologien ein bekanntes Prinzip (Vater, Sohn, heiliger Geist). Freud transformierte als überzeugter Darwinist das Prinzip auf die evolutionäre Ebene mit Entwicklungs- und Erkenntnismöglichkeiten des Individuums.

Wird entwickelt, anerzogen, richtig-und-falsch-Unterscheidung, „was sich gehört", alles Erlernte, gesellschaftskonform, handelt vorteilhaft für sich selbst.

vorbewusst, alles Erlernte
passive Gedächtnisinhalte

Über-Ich

Wahrnehmungsbewusstsein

Es kann dem Über-ich oder dem Es näher stehen. Man entwickelt es selbst

Ich

Mitte zwischen Trieb und Moral. Kontrolliert, reflektiert, koordiniert

bewusst, aktives Gedächtnis, alles, was sofort abrufbar ist

Es

unbewusst, alles was nicht abrufbar ist, verdrängt oder nie gewusst

absolut egoistisch, nur Triebe, reine Lebenserhaltung: Hunger, Durst, Sex

Die unbewussten Triebe sollten erkannt werden, um sich von der unbewussten Steuerung durch diese zu erlösen.

Die neopsychoanalytischen Persönlichkeitsmodelle entwickelten sich im Wesentlichen aus der Kritik an Freuds Theorien, wie die **Komplexe analytische Psychologie** (1946) von **C. G. Jung**. Im Unterschied zu Freud ist Libido für Jung keine rein sexuelle Energie, sondern eine allgemeine zielgerichtete, seelische Energie.

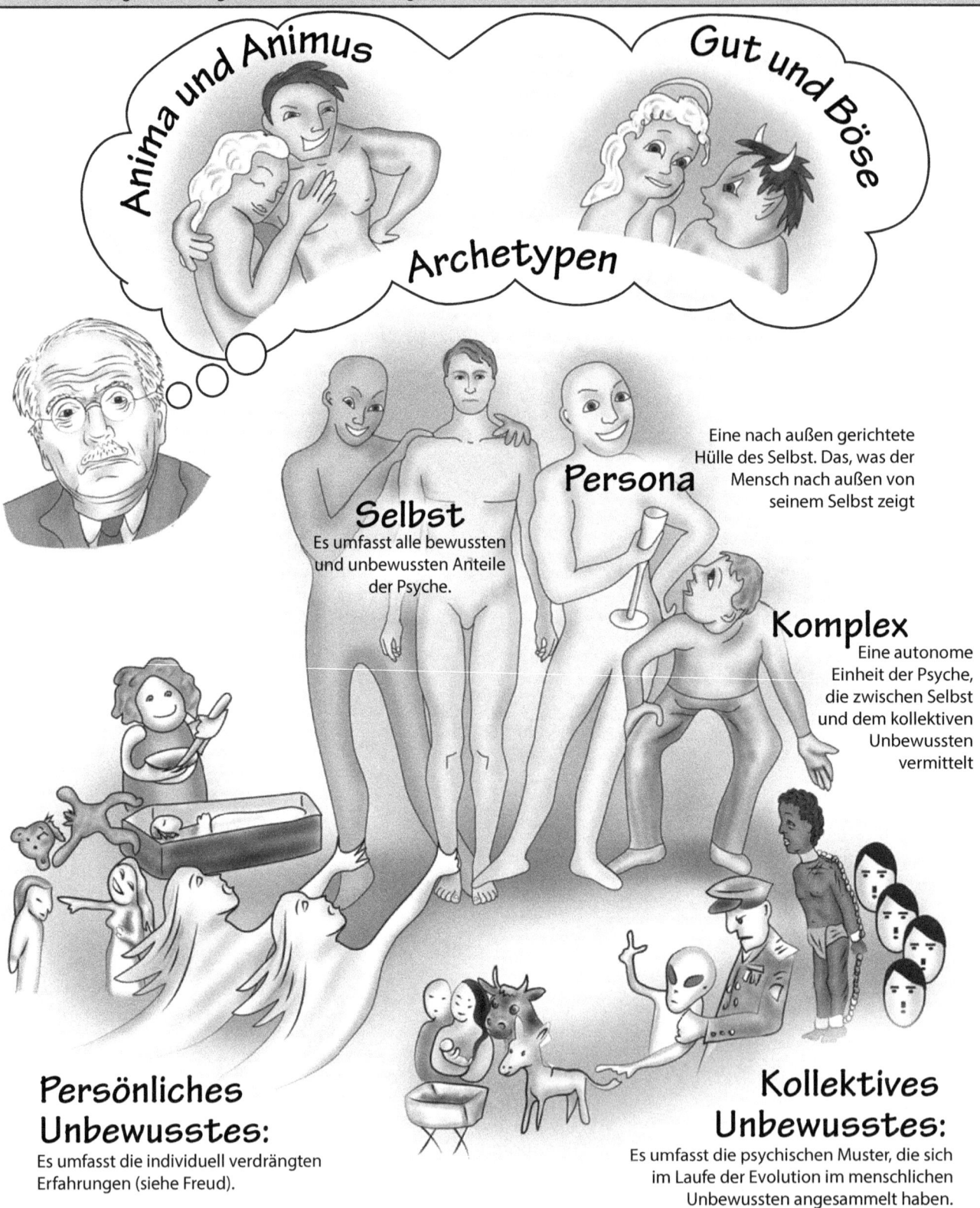

Anima und Animus

Gut und Böse

Archetypen

Selbst
Es umfasst alle bewussten und unbewussten Anteile der Psyche.

Persona
Eine nach außen gerichtete Hülle des Selbst. Das, was der Mensch nach außen von seinem Selbst zeigt

Komplex
Eine autonome Einheit der Psyche, die zwischen Selbst und dem kollektiven Unbewussten vermittelt

Persönliches Unbewusstes:
Es umfasst die individuell verdrängten Erfahrungen (siehe Freud).

Kollektives Unbewusstes:
Es umfasst die psychischen Muster, die sich im Laufe der Evolution im menschlichen Unbewussten angesammelt haben.

Im Zuge der Persönlichkeitsentwicklung müssen die Archetypen aufgedeckt werden und man muss die jeweiligen Pole in sich akzeptieren lernen (z. B. das Männliche und das Weibliche). Zur Veränderung der Persönlichkeit arbeitete Jung nicht nur (wie Freud) mit freien, sondern auch mit gebundenen Assoziationen, mit denen das kollektive Unbewusste analysiert werden kann.

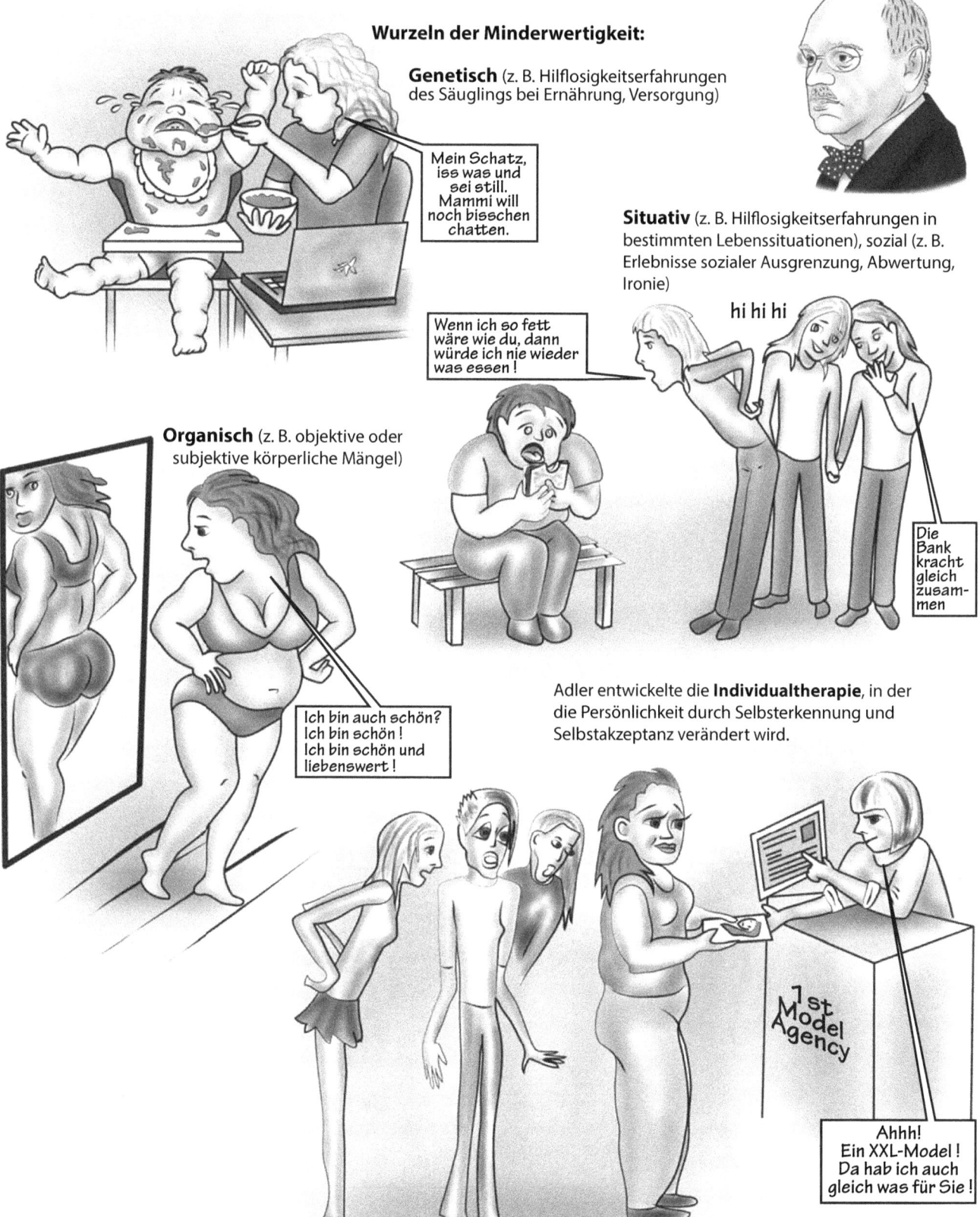

Phänomenologische Persönlichkeitstheorie nach Carl Rogers (1987) baut darauf auf, dass der Mensch grundlegend gut ist und nach Selbstaktualisierung strebt.
Rogers Definition von Selbst:
Das Selbst ist das Objekt der Wahrnehmung("self as object"), d. h. das Selbst besteht aus organisierten Wahrnehmungsmustern und ist immer subjektiv.
Das Real-Selbst umfasst alle Persönlichkeitsanteile, die man tatsächlich hat bzw. bei sich in dieser Form als gegeben ansieht.
Das Ideal-Selbst umfasst Wünsche und Erwartungen an die eigene Person.

Wenn Real-Selbst und Ideal-Selbst zu stark voneinander abweichen, kommt es zu einem psychischen Spannungszustand (Inkongruenz) und die seelische Gesundheit ist in Gefahr.

Der Mensch versucht, sein Real-Selbst dem Ideal-Selbst anzunähern. Je besser dieser Prozess der Selbstaktualisierung gelingt, umso gesünder ist er. Allerdings sollten Real-Selbst und Ideal-Selbst nicht vollkommen deckungsgleich werden, denn dann ginge jegliche Handlungsmotivation verloren.

Die Diagnostik des Selbst (Persönlichkeitsdiagnostik) findet über Fragebogendaten oder Adjektivsortiertechniken statt. Dabei werden Aussagesätze bewertet, inwieweit sie auf das eigene Real-oder Ideal-Selbst zutreffen.

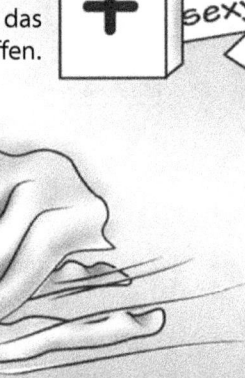

Eine Persönlichkeitsveränderung wird durch die **klientzentrierte Psychotherapie** erreicht, mit deren Hilfe Inkongruenz aufgedeckt und aufgelöst werden soll.

Schwerpunkte der Theorie: Beschreibung von Persönlichkeitsvariablen- (Selbst, Ideal- und Real-Selbst) sowie Ablauf von Persönlichkeitsveränderung durch klientzentrierte Beratung und Therapie. Die Kritik an Rogers betont, dass sein Ansatz zu einseitig sei, sich auf das Selbst beschränke und die Ursache von Störungen nur allgemein als Inkongruenz beschreibe. Allerdings hat er sich viele Gedanken um die therapeutische Beziehung und deren Gestaltung gemacht, damit Therapie wirksam sein kann. Die drei Faktoren Wertschätzung, Empathie und Kongruenz gelten bis heute als maßgebliche Faktoren für eine gute therapeutische Beziehung.

Die humanistisch-kognitivistischen Persönlichkeitstheoretiker entwickelten ein komplett anderes Menschenbild als die Vorgänger. Das drückt sich auch in der sprachlichen Unterscheidung von Patient und Klient aus: Die Humanisten bezeichnen ihre Patienten als Klienten, um deutlich zu machen, dass Therapeut und Patient auf einer Stufe stehen. **1955** veröffentlichte **George A. Kelly** die Theorie seiner **Psychologie der personalen Konstrukte (Personal Construct Theorie)**.

Menschenbild: Der Mensch ist Wissenschaftler, d. h. er konstruiert sich die Welt aus seinen Erfahrungen, ähnlich wie der Wissenschaftler eine Theorie konstruiert.

Wir nehmen an, dass alle gegenwärtigen Interpretationen des Universums revidiert oder ersetzt werden müssen. ... Wir vertreten den Standpunkt, dass es immer alternative Konstruktionen geben wird, zwischen denen man beim Umgang mit der Welt wählen kann. ... Wir nennen diese Position den Konstruktiven Alternativismus. (Kelly, 1986)

Menschen wollen Ereignisse vorhersagen und kontrollieren; dazu bilden sie Hypothesen hinsichtlich künftiger Ereignisse und prüfen, ob sie bestätigt werden.

Ergänzend stellte G. A. Kelly eine Form der Kurzpsychotherapie zur Aktivierung von Persönlichkeitsveränderungen vor. Der Klient spielt mehrere Wochen lang die festgelegte Rolle (fixed role) einer hypothetischen Person mit bestimmten Merkmalen und Eigenschaften - so wie der Klient sein möchte. Der Therapeut "assistiert" bei den gespielten Situationen bzw. Experimenten, in denen der Klient ihm unbekannte und ungewohnte Verhaltensweisen übernimmt und dabei als "Forscher" fungiert. Das heißt, er formuliert Hypothesen, z.B. zu welchen Ergebnissen die Interaktion mit bestimmten Personen führt, und führt "Experimente" durch, mit deren Hilfe er diese Hypothesen überprüft und ggf. aufgrund der neuen Erfahrungen revidiert. Nach Beendigung des mehrwöchigen "experimentellen Spielens" werten Klient und Therapeut die Erfahrungen gemeinsam aus.

Schwerpunkte der Theorie:
Vorhersage von Erleben und Verhalten;
Persönlichkeitsveränderung durch
Fixed Role Therapy.

https://www.spektrum.de/lexikon/psychologie/-fixed-role-therapie/4998

Kritik: Aufgrund des rein idiographischen Ansatzes kann die Theorie von Kelly schlecht verallgemeinert werden.

Die **eigenschaftstheoretischen Ansätze der Persönlichkeit** versuchen die menschliche Persönlichkeit möglichst vollständig zu beschreiben. Hierfür werden S-R-Persönlichkeitsmodelle genutzt, bei denen dem behavioristischen Verhaltensmodell (S und R stehen für Situation und Reaktion) die Variable O (für Organismus) hinzugefügt wird. Sie umfasst die Eigenschaften einer Person, durch die die Verhaltensgleichung beeinflusst werden kann. Fragebogenitems und Testaufgaben werden ebenfalls nach dem S-R-Prinzip entworfen.

Als Vertreter ist hier **Gordon Allport** (1937) mit seinem Trait-Ansatz zu nennen:

Allport, der sich sowohl mit der Einzigartigkeit als auch der Unterschiedlichkeit der Menschen beschäftigte, hat Persönlichkeitsvariablen zu definieren versucht, die Verhalten und Erleben bestimmen.
Seiner Auffassung nach ist die Persönlichkeit dafür verantwortlich, dass wir uns auf einzigartige Art und Weise an unsere Lebensumwelt anpassen.
Aus diesem Grund ist die Persönlichkeit sowohl einzigartig und stabil als auch veränderbar.
Zusammen mit Odbert (Allport & Odbert, 1936) stellte er eine Liste an Begriffen zusammen, die Persönlichkeit und Unterschiede zwischen Menschen beschreiben können. Sie durchsuchten dazu ein Wörterbuch und fanden 18.000 Begriffe, die sie kategorisierten.

Mit seiner Analyse legte er jedoch den Grundstein zur Analyse grundlegender Persönlichkeitseigenschaften. Auch die Big-Five-Persönlichkeitsmerkmale entstammen der lexikalischen Analyse.
Das Konzept ist kultur-und altersübergreifend.

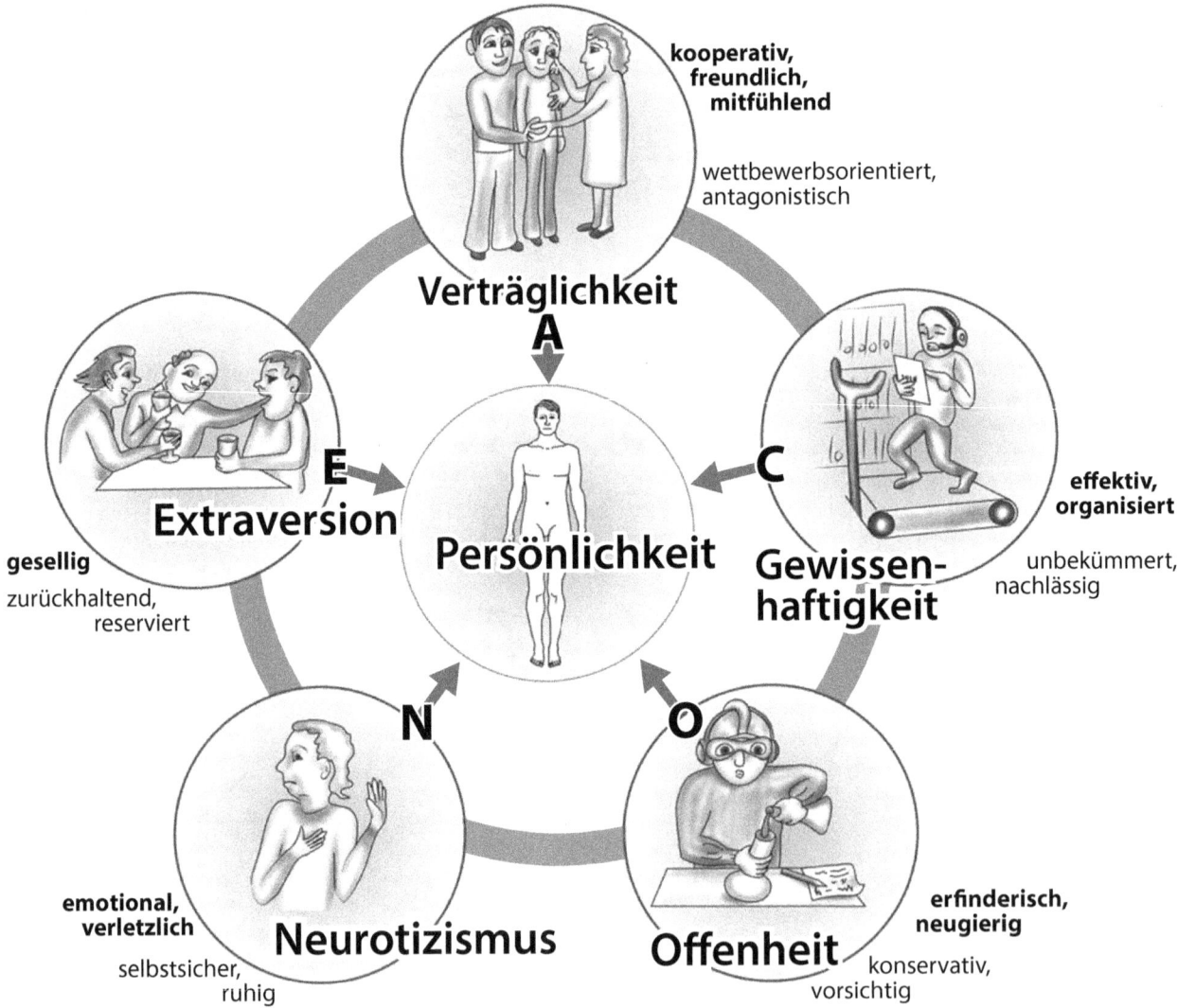

stark ausgeprägt   schwach ausgeprägt

Ein Beispiel für den Big-five-Test : http://www.psychomeda.de/online-tests/persoenlichkeitstest.html

Kritik gibt es an der Genauigkeit: Viele Wörter sind nicht eindeutig und werden nicht immer gleich aufgefasst, deshalb kann es Differenzen in der Auslegung und dem Verständnis geben.

Die **Persönlichkeitskonzeption** von **Raymond B. Cattell** (1946) hat bis heute Bedeutung.
Auch für Cattell ist die S-R-O-Verhaltensgleichung die Grundlage dieser Persönlichkeitsbeschreibung. Dabei steht das O für die Persönlichkeit in Form nicht-situativer Verhaltensbedingungen.
Cattell ging davon aus, dass es eine begrenzte Zahl an Eigenschaften gibt, anhand derer Persönlichkeit beschrieben werden kann, Individuen können also über Gemeinsamkeiten in Gruppen eingeteilt werden (nomothetischer Ansatz).
Er entwickelte ein hierarchisches Persönlichkeitsmodell mit 16 Faktoren erster und fünf Faktoren zweiter Ordnung und daraus wiederum den 16-Persönlichkeitsfaktoren-Test im Multiple-Choice-Format.
Außerdem hat Cattell versucht, Verhalten anhand situationsspezifischer Grundeigenschaften vorherzusagen.

Hauptsatz der Faktoranalyse:

$$Cov(\chi_i, \chi_j) = (\Gamma T^T)_{ij} + Cov(\varepsilon_i, \varepsilon_j)$$

Vereinfacht:
2 sich ausschließende Faktoren führen zu einer Kategorie oder jede Eigenschaft beinhaltet sowohl Haben als auch Mangel.

Die 16 Primärfaktoren des 16 PF der deutschsprachigen Version

A Sachorientierung vs. Kontaktorientierung - Wärme

B Konkretes Denken vs. Abstraktes Denken - Logisches Schlussfolgern

C Emotionale Störbarkeit vs. Emotionale Widerstandsfähigkeit - Emotionale Stabilität

E Soziale Anpassung vs. Selbstbehauptung - Dominanz

F Besonnenheit vs. Begeisterungsfähigkeit - Lebhaftigkeit

G Flexibilität vs. Pflichtbewusstsein - Regelbewusstsein

H Zurückhaltung vs. Selbstsicherheit - Soziale Kompetenz

I Robustheit vs. Sensibilität - Empfindsamkeit

L Vertrauensbereitschaft vs. Skeptische Haltung - Wachsamkeit

M Pragmatismus vs. Unkonventionalität - Abgehobenheit

O Selbstvertrauen vs. Besorgtheit - Besorgtheit

N Unbefangenheit vs. Überlegenheit - Privatheit

Q1 Sicherheitsinteresse vs. Veränderungsbereitschaft - Offenheit für Veränderung

Q2 Gruppenverbundenheit vs. Eigenständigkeit - Selbstgenügsamkeit

Q3 Spontaneität vs. Selbstkontrolle - Perfektionismus

Q4 Innere Ruhe vs. Innere Gespanntheit - Anspannung

Diese 16 Faktoren werden zu 5 Sekundärfaktoren (Globalfaktoren) zusammengefasst, die aus einer Gewichtung mehrerer Primärfaktoren errechnet werden:
Extraversion, Unabhängigkeit, Ängstlichkeit, Selbstkontrolle, Unnachgiebigkeit.

Sozial-kognitive und handlungstheoretische Ansätze zur Persönlichkeit entstammen der neobehavioristischen und handlungstheoretischen Forschungstradition. Während sich die anderen Theorien mit der gesamten Persönlichkeit beschäftigen, geht es bei diesen Theorien nur mit denjenigen Teilen der Persönlichkeit, die für das Handeln entscheidend sind. Dazu verknüpfen sie zeitlich stabile Persönlichkeitsmerkmale mit spezifischen sozialen Lern- und Handlungsmodellen. Im Folgenden sollen die Kontrollüberzeugungen nach **Julian B. Rotter** (1954) genauer betrachtet werden.

Die Soziale Lerntheorie der Persönlichkeit (SLT) von Rotter basiert...

... auf den Erwartungs-Wert-Theorien aus dem Bereich der Motivationspsychologie.

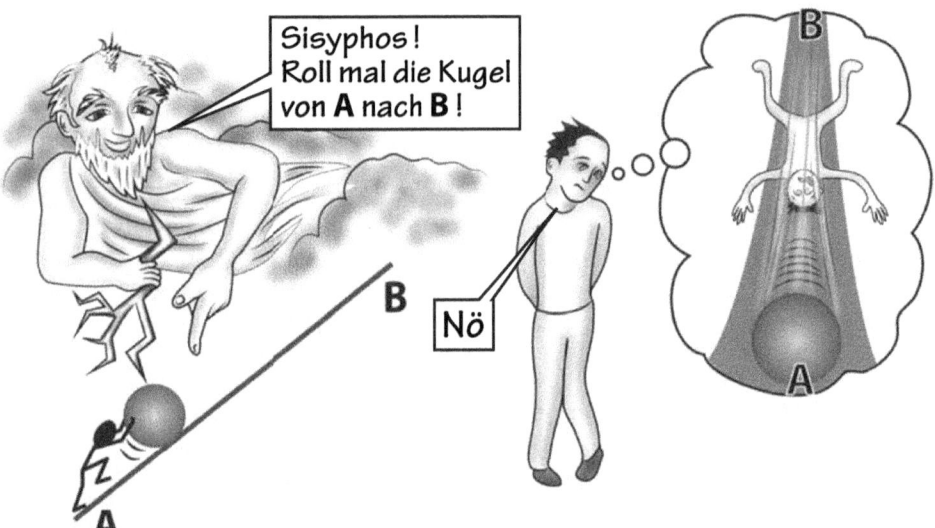

... auf der Annahme, dass spezifische Situationen im Individuum Erwartungen entstehen lassen, die sein Handeln steuern.

... auf Persönlichkeitsvariablen, die in diesem Modell als generalisierte Erwartungen angenommen werden

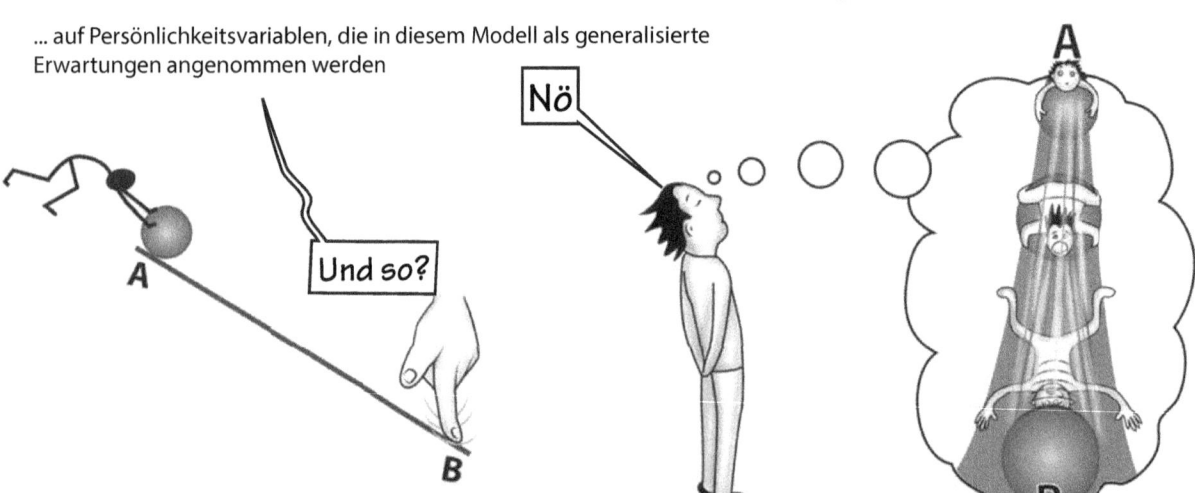

Das Persönlichkeitsmerkmal des Internal bzw. External locus of Control (Kontrollüberzeugungen) bezeichnet, ob nach der eigenen Auffassung die Kontrolle in einem selbst (internal) oder außerhalb von einem selbst (external) liegt.

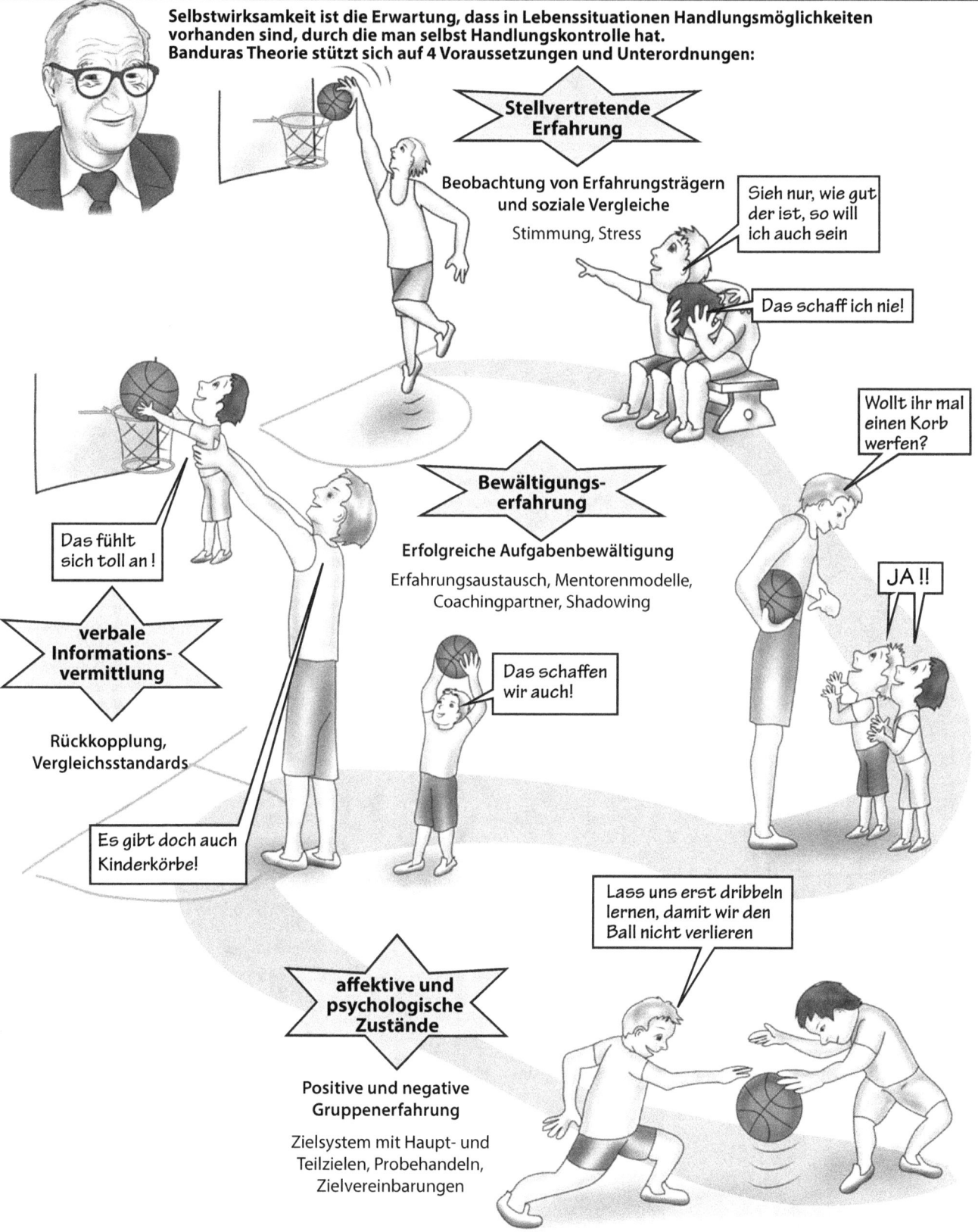

Kapitel 17 - Persönlichkeitspsychologie I. komplizierte Menschen

Günter Krampen ist ein deutscher Psychologe und Psychotherapeut der neueren Generation. Seine Arbeit stellt eine Verbindung zwischen psychologischer Grundlagen- und Anwendungsforschung her unter Einbeziehung des handlungstheoretischen Partialmodells der Persönlichkeit und dessen entwicklungs-, gesundheits- sowie klinisch-psychologischer Ausweitung. In Bezug auf die Vertrauens-Trias, welche aus interpersonalem Vertrauen, Selbst- und Zukunftsvertrauen besteht, entwickelte er psychodiagnostische Verfahren zur Erfassung von Kontroll- und Kompetenzüberzeugungen sowie von Hoffnungslosigkeit.
Siehe **Handlungstheoretisches Partialmodell der Persönlichkeit (HPP)** von Krampen (2000, 2002): Integration verschiedener sozial-kognitiver Persönlichkeitstheorien zu einem Persönlichkeitsmodell zu selbst- und umweltbezogenen Kognitionen.

Das HPP umfasst neben situationsspezifischen Erwartungen und Valenzen (Zielbewertungen) die allgemeinen Wert- und Zielorientierungen sowie die generalisierten Erwartungen

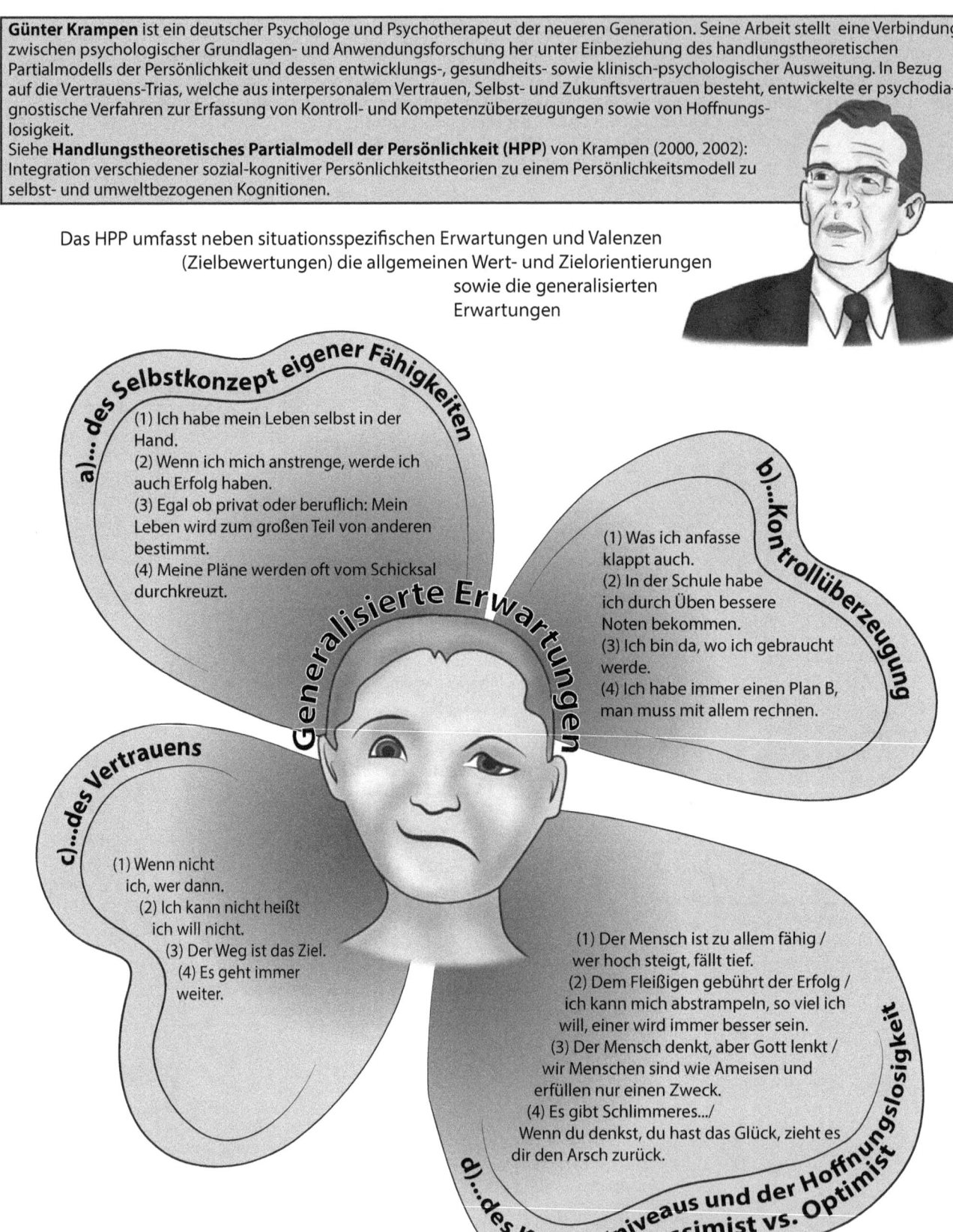

Generalisierte Erwartungen

a) ...des Selbstkonzept eigener Fähigkeiten
(1) Ich habe mein Leben selbst in der Hand.
(2) Wenn ich mich anstrenge, werde ich auch Erfolg haben.
(3) Egal ob privat oder beruflich: Mein Leben wird zum großen Teil von anderen bestimmt.
(4) Meine Pläne werden oft vom Schicksal durchkreuzt.

b) ...Kontrollüberzeugung
(1) Was ich anfasse klappt auch.
(2) In der Schule habe ich durch Üben bessere Noten bekommen.
(3) Ich bin da, wo ich gebraucht werde.
(4) Ich habe immer einen Plan B, man muss mit allem rechnen.

c) ...des Vertrauens
(1) Wenn nicht ich, wer dann.
(2) Ich kann nicht heißt ich will nicht.
(3) Der Weg ist das Ziel.
(4) Es geht immer weiter.

d) ...des Konzeptniveaus und der Hoffnungslosigkeit Pessimist vs. Optimist
(1) Der Mensch ist zu allem fähig / wer hoch steigt, fällt tief.
(2) Dem Fleißigen gebührt der Erfolg / ich kann mich abstrampeln, so viel ich will, einer wird immer besser sein.
(3) Der Mensch denkt, aber Gott lenkt / wir Menschen sind wie Ameisen und erfüllen nur einen Zweck.
(4) Es gibt Schlimmeres... / Wenn du denkst, du hast das Glück, zieht es dir den Arsch zurück.

Cave: Das ist eine stark vereinfachte Darstellung der Kernkomponenten des HPP. Zum genaueren Verständnis sollte unbedingt weiterführende Literatur zum HPP gelesen werden.

Die klassischen Persönlichkeitskonzepte können in drei übergreifende Themengebiete eingeteilt werden:
• Temperamentsmerkmale
• Leistungsmerkmale
• Selbst- und umweltbezogene Kognitionen: Merkmale generalisierter Überzeugungen und Erwartungen

Zur Auswertung werden L-, O-, S- oder T-Daten gesammelt (Eselsbrücke „LOST")

L-Daten
= Life record data,
d. h. objektive, biographische Informationen, z. B. durch Anamnese

O-Daten
= Observer data
d. h. objektive, biografische Informationen, z. B. durch Anamnese

S-Daten
= Self-report data
d. h. Selbstaussagen und --beurteilungen, z. B. in (teil-)strukturierten Interviews oder in Fragebögen

T-Daten
= Test data
d.h. Fremdbeurteilungen, z.B. durch Diagnostiker, auch Vorgesetzte, Lehrer, Bekannte, Verwandte u. Ä.

Leistungsmerkmale
◊ Merkmale, die die Leistungsfähigkeit einer Person beschreiben
• Sie sind meistens normativ, d. h. eine bestimmte Merkmalsausprägung (z. B. stark ausgeprägte Intelligenz) wird als erstrebenswerter oder besser angesehen.

Selbst- und umweltbezogene Kognition
◊ Merkmale, die generalisierte Überzeugungen und Erwartungen umfassen, d. h. Merkmale, die beschreiben, wie Menschen sich selbst und ihre Umwelt über einen langen Zeitraum sehen
• Sie sind zum Teil normativ (z. B. Selbstwirksamkeit)

Temperamentmerkmale
◊ Merkmale, die generalisierte Überzeugungen und Erwartungen umfassen. Diese Merkmale werden für dauerhafte Sichtweisen auf sich selbst und die eigene Umwelt verwendet.
• Sie sind zum Teil normativ

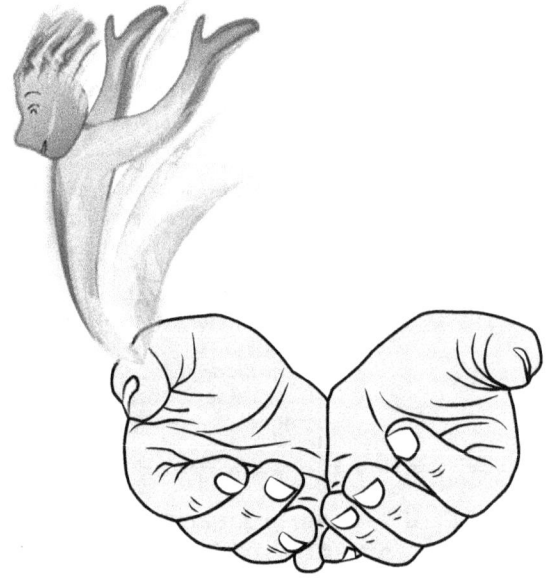

Persönlichkeitspsychologie II Kapitel 18

Intelligenz und Kreativität

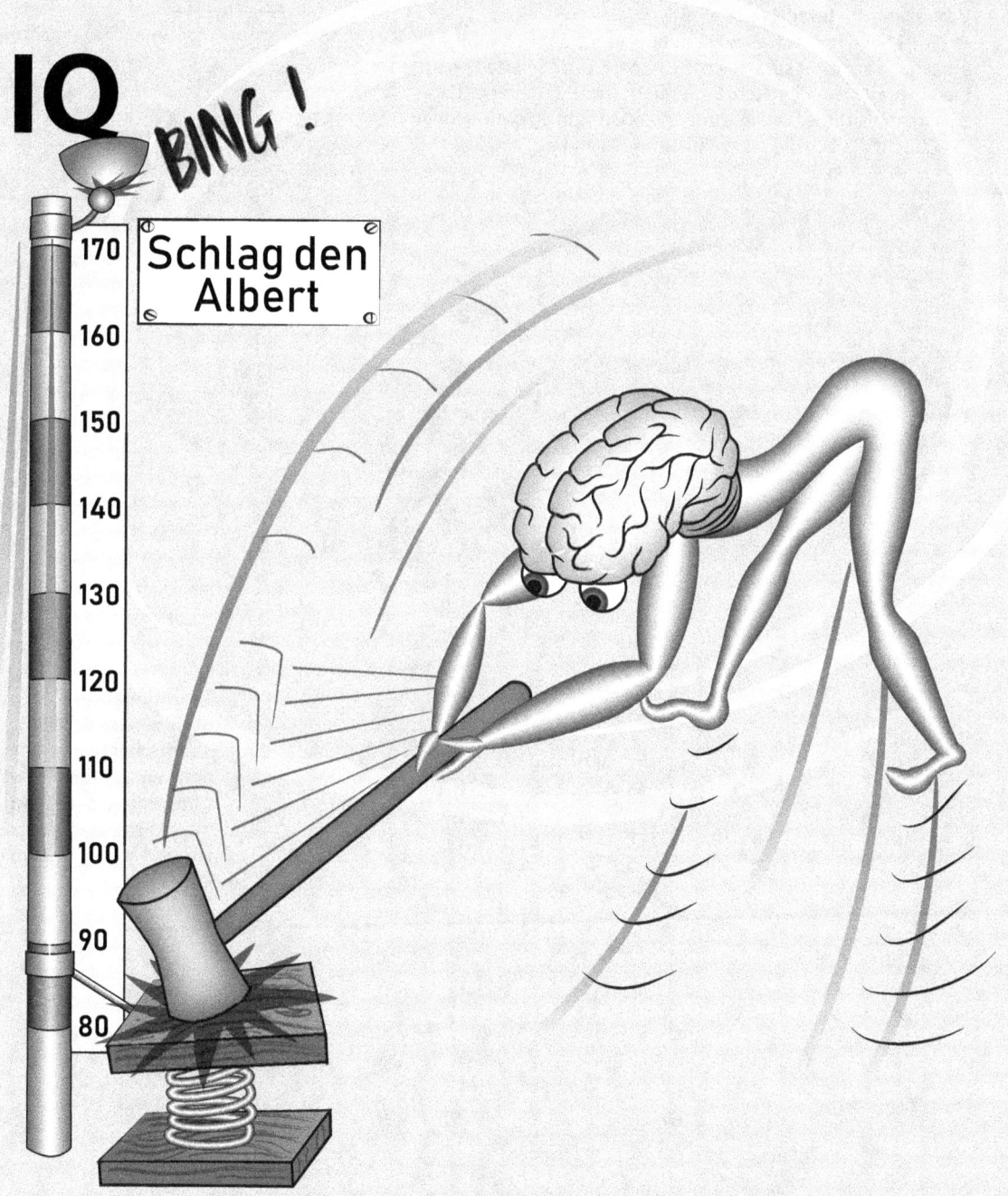

Weil es so schwierig ist, Intelligenz zu definieren, hat jede Theorie ihre eigene Definition formuliert.
Kein anderes Persönlichkeitsmerkmal ist so gut erforscht wie Intelligenz. Grund ist neben der langen Forschungsgeschichte, dass es die Leistungsfähigkeit besonders gut erfasst und daher beispielsweise als Instrument zur Personalauswahl genutzt werden kann.

Prinzipiell gibt es drei verschiedene Wege, um zu einer Definition zu gelangen:

Verbalistische Intelligenzdefinition:
Ein Forscher denkt sich eine Definition aus und beschreibt Intelligenz auf einer sprachlichen Ebene, z. B. definierte Spearman Intelligenz als die Fähigkeit, Beziehungen und Zusammenhänge zu erkennen. Diese Intelligenzdefinitionen sind an die Person gekoppelt, die sich die Definition ausgedacht hat.

Operationale Intelligenzdefinition:
Ein Forscher beschreibt die Intelligenz mithilfe eines Tests, d. h. Intelligenz ist das, was der Test misst. Diese Intelligenzdefinitionen sind an den entsprechenden Test gekoppelt.

Kriteriumsbezogene Intelligenzdefinition:
Ein Forscher beschreibt die Intelligenz mithilfe dessen, womit die Intelligenz im realen Leben in Zusammenhang gebracht werden soll (z. B. Kriterien wie Schulerfolg). Diese Intelligenzdefinitionen sind an das jeweilige Kriterium gekoppelt.

Intelligenztests können unterschieden werden in Einzel- und Gruppentests, verbale und kulturfreie, also weniger sprachgebundene Tests, ein- und mehrdimensionale Tests sowie Tests für Kinder, Jugendliche, Erwachsene und Senioren.

Die erste Intelligenztheorie stammt aus dem Jahr 1904. Auf den nächsten Seiten werden die beständigsten Entwicklungen und die Veränderung dieser Theorien dargestellt.

1904 Spearman
London Großbritannien

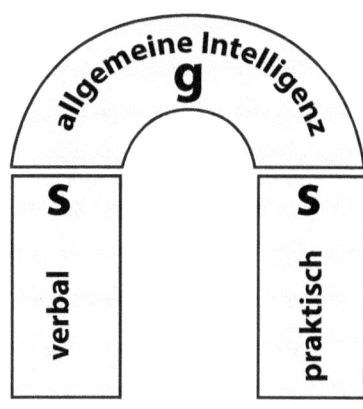

Zwei-Faktorentheorie der Intelligenz:
Intelligenz besteht aus zwei Faktoren:
Den "spezifischen Intelligenzfaktoren s" (beispielsweise verbale und praktische Intelligenz) und
dem "Generalfaktor g" (allgemeine Intelligenz).

1938 Thurstone
Chicago USA

Theorie der sieben Primärfaktoren der Intelligenz:
Im Gegensatz zu Spearman gibt es für Thurstone keinen allgemeinen Intelligenzfaktor.

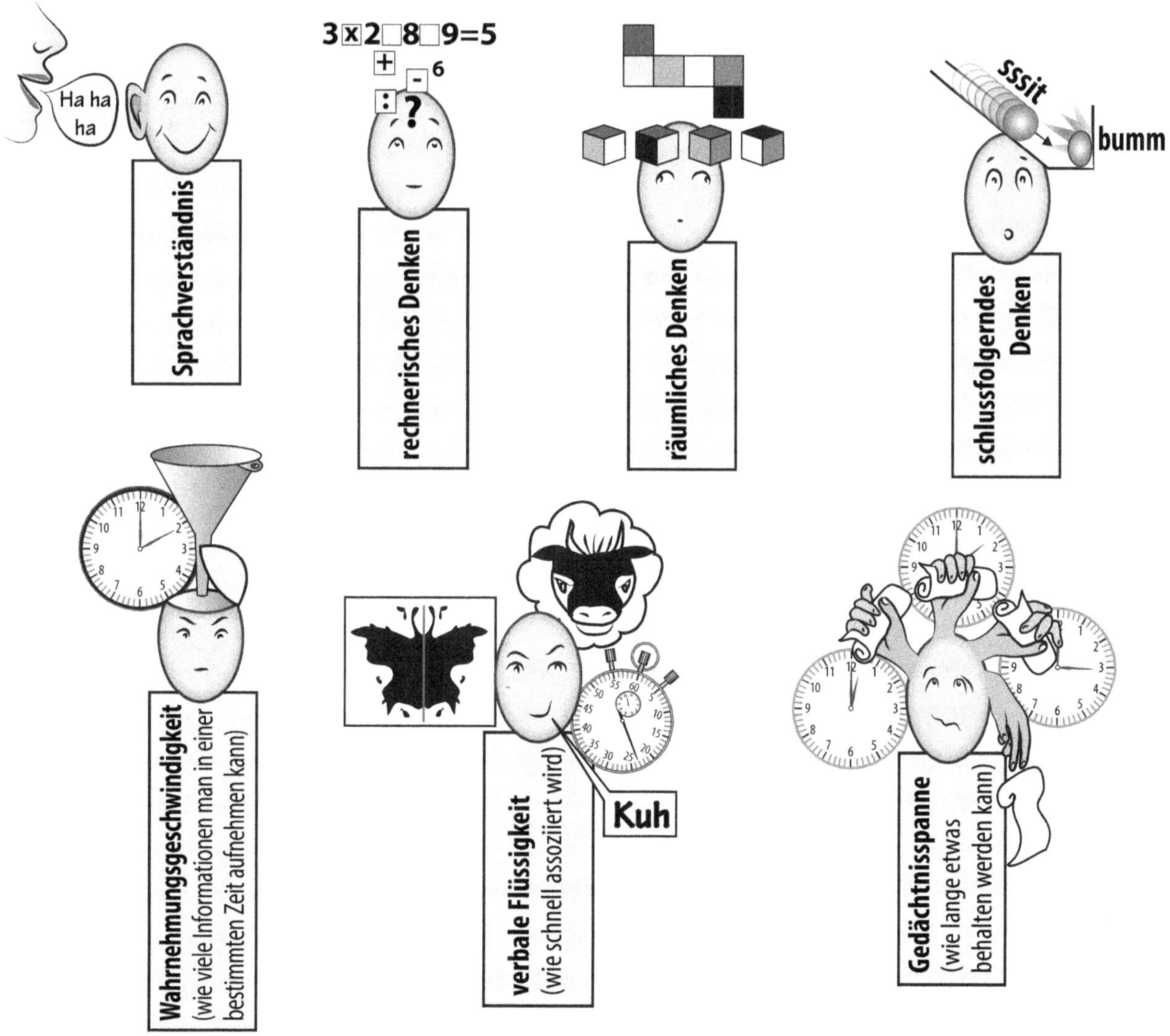

- Sprachverständnis
- rechnerisches Denken
- räumliches Denken
- schlussfolgerndes Denken
- Wahrnehmungsgeschwindigkeit (wie viele Informationen man in einer bestimmten Zeit aufnehmen kann)
- verbale Flüssigkeit (wie schnell etwas assoziiert wird)
- Gedächtnisspanne (wie lange etwas behalten werden kann)

1959-67 Guilford
Los Angeles USA

Dreidimensionales (Würfel-)Modell des Intellekts
Der Intellekt hat drei Dimensionen bestehend aus:
5 Denkoperationen
4 Denkinhalte
6 Denkprodukte

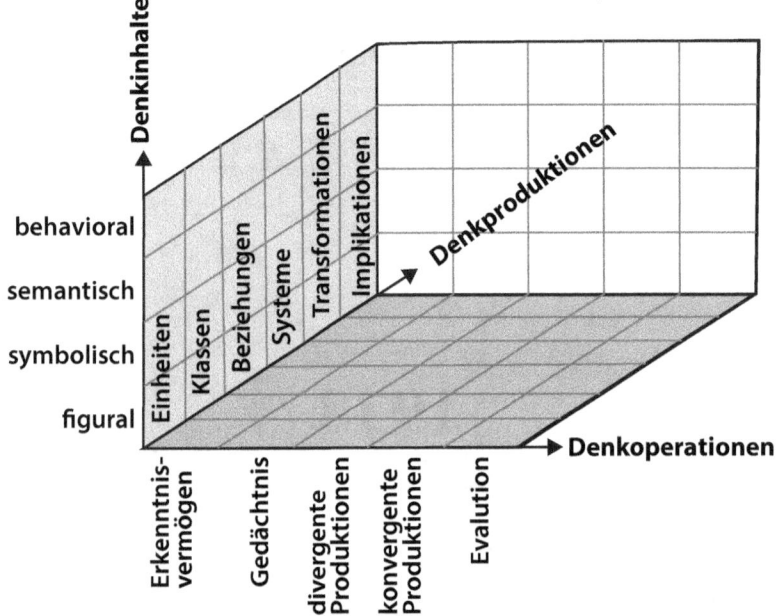

Guilford nahm an, dass die drei Dimensionen unabhängig voneinander sind, und kam deshalb auf
$5 \times 4 \times 6 = 120$
potenzielle Intelligenzfacetten (es konnten jedoch nur 90 operationalisiert werden).

Guilfords Leistung besteht v. a. darin, die Intelligenzforschung stimuliert zu haben und zwischen konvergentem und divergentem Denken zu unterscheiden (einfache Lösung vs. mehrere Lösungsmöglichkeiten).

1973-84 Jäger
Berlin BRD

Berliner Intelligenzstrukturmodell
3 Denkinhalte
4 Denkoperationen

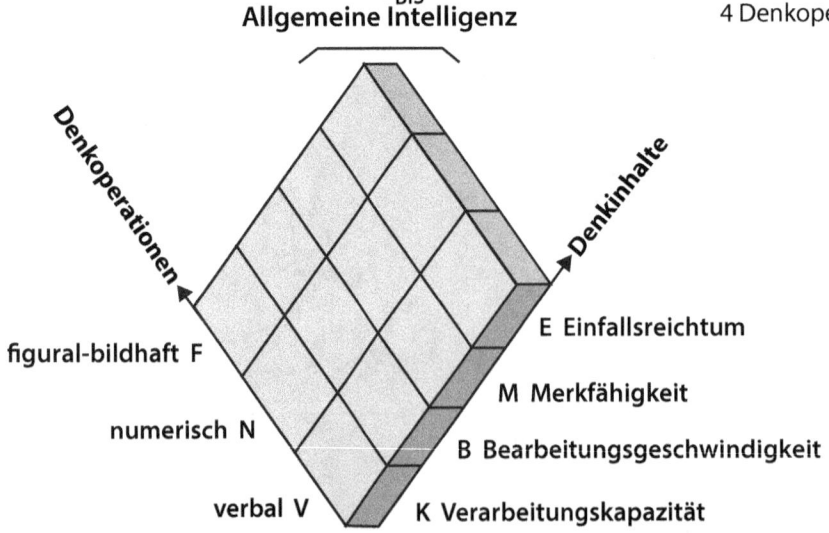

Bei Jäger ergeben sich nur noch
$3 \times 4 = 12$
Intelligenzfacetten,
die über Testaufgaben gut erfassbar sind und auch zu einem Generalfaktor der Intelligenz „g" zusammengefasst werden können.

Jäger versuchte, das Modell von Guilford mithilfe der Faktorenanalyse handhabbarer zu machen. Er ließ die Denkprodukte ganz weg und reduzierte die Denkinhalte.

1966 Illinois USA
Horn und Cattell

Theorie der kristallisierten und fluiden Intelligenz:
2 große Teilbereiche der Intelligenz:

Kristallisierte (verfestigte) Intelligenz:
Hierunter versteht man das im Laufe des Lebens, u. a. in der Schule, angesammelte Faktenwissen. Dazu gehören Wortschatz, Allgemeinwissen, mathematisches Denken etc.

Fluide (flüssige) Intelligenz:
Diese wird in der Schule nicht gezielt vermittelt, ist allerdings die neuropsychologische Basis für die kristallisierte Intelligenz. Hierzu gehören beispielsweise räumliches Denken, Wahrnehmungsgeschwindigkeit oder logisches Denken.

Wissenserwerb

Alltagsbewältigung

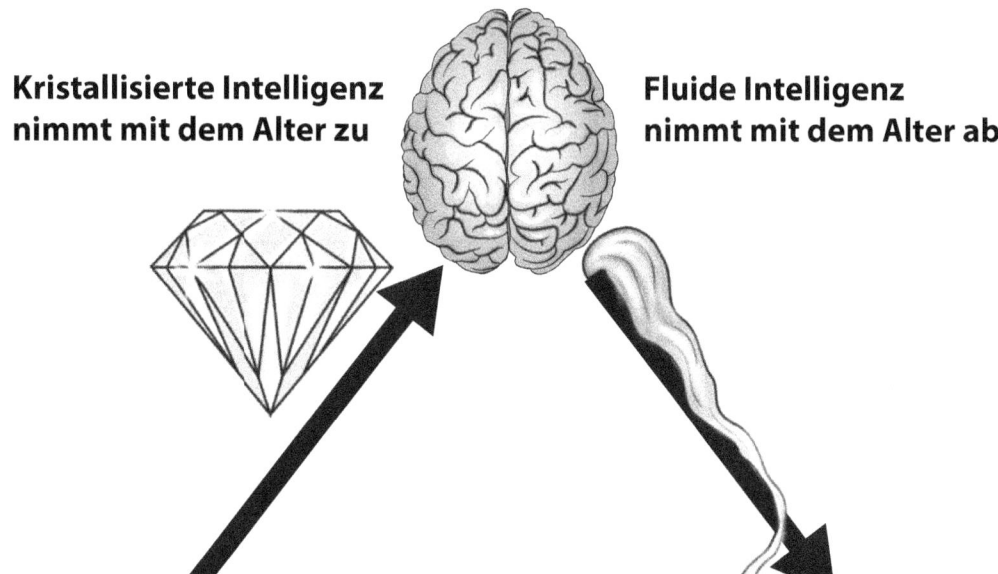

Kristallisierte Intelligenz nimmt mit dem Alter zu

Fluide Intelligenz nimmt mit dem Alter ab

Kann immer trainiert werden

Kann im Alter nicht mehr trainiert werden

Cattell, der sich auch mit Persönlichkeitseigenschaften befasst hat, hat gemeinsam mit seinem Kollegen John L. Horn das Konzept der kristallinen und fluiden Intelligenz entwickelt.

Da es viele verschiedene Theorien zur Intelligenz gibt, gibt es auch zahlreiche Intelligenztests, beispielsweise WIE (Wechsler-Intelligenztest für Erwachsene), I-S-T (Intelligenz-Struktur-Test), BIS-T (Berliner Intelligenzstrukturtest), LPS (Leistungsprüfsystem), Progressiver Matritzentest nach Raven oder CFT (Culture-Fair-Test). Im Folgenden werden einige Beispiele vorgestellt.

In der Regel besteht ein Test aus drei Modulen

• **Grundmodul**
(Satzergänzung, Analogien, Gemeinsamkeiten, Rechenaufgaben, Zahlenreihen, Rechenzeichen, Figurenauswahl, Würfelaufgaben, Matrizen) - ca. 80 Min.

• **Merkaufgabenmodul**
(verbale Merkfähigkeit, figurale Merkfähigkeit) ca. 7 Min.

• **Wissensmodul**
(verbales Wissen, numerisches Wissen, figurales Wissen)

Cattell, (Culture-Fair-Test) CFT: 25-60 Minuten
Test zur Erfassung der Intelligenz, unabhängig von Kultur und sozialen Bedingungen

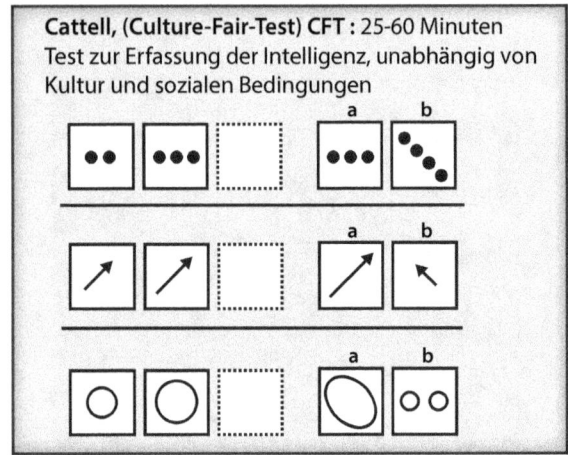

Intelligenz-Struktur-Test (IST): ca. 40 Min
Beispiel: 3D- Item-Ergänzungs-Aufgabe

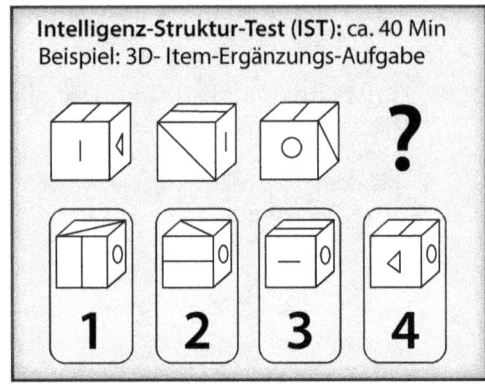

Hamburger-Wechsler-Test: 90 Minuten
Beispiel: Ergänzungsfeld-Aufgabe

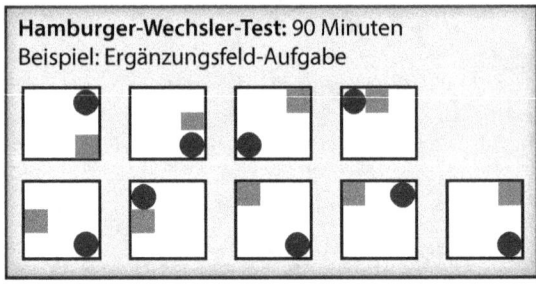

Berliner Intelligenzstrukturtest: 3x 45 Minuten
Beispiel: Wahrnehmungsgeschwindigkeits-Aufgabe

Mädchen	Mensch	- Pflanze
Tisch	Mensch	- Gegenstand
Mund	Körperteil	- Gegenstand
Brotter	Mensch	- Gegenstand
Wald	Technik	- Natur

Leistungsprüfsystem (LPS 2 und 50+): 30 Minuten -2 Stunden
Test zur Einschätzung der Schuleignung sowie zur Diagnose von Hirnschädigungen

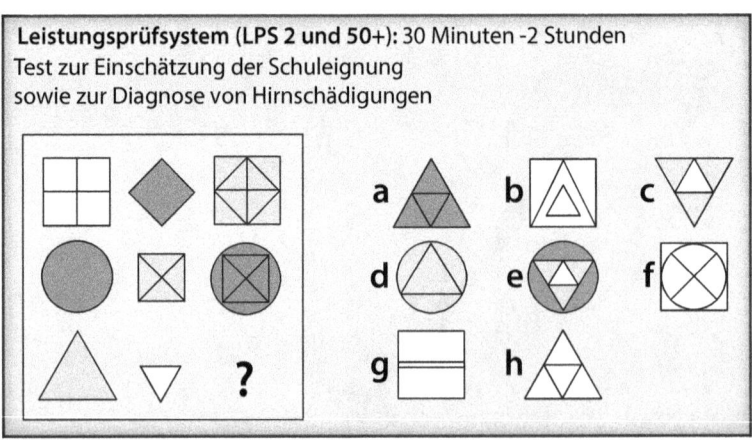

Progressiver Matrizen-Test: ca. 45 Minuten
Test zum Erfassen kognitiver Fähigkeiten

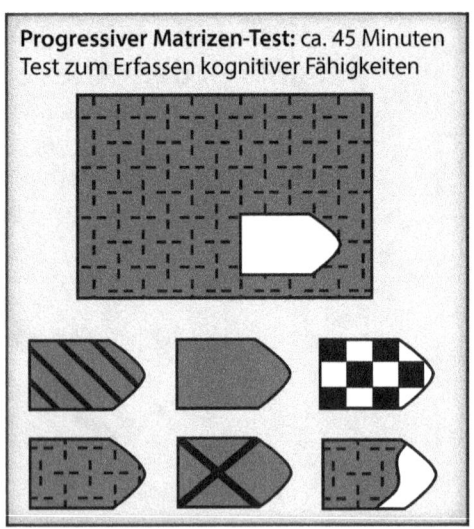

Intelligenzmessung erfolgt über den Intelligenzquotienten (IQ):
Der IQ ist ein nach Altersgruppen genormtes Maß für die allgemeine intellektuelle Leistungsfähigkeit.
Der Mittelwert beträgt 100, die Standardabweichung 15.
Der Bereich zwischen einem IQ von 55 und 145 ist gut erfassbar

Die Gefahr bei der Anwendung von Intelligenztests liegt darin, dass man sie für zuverlässiger hält als andere Messmethoden, das ist allerdings nicht der Fall.

Die Frage nach der Entwicklung von Intelligenz spielte in der Anlage-Umwelt-Debatte * eine große Rolle. Unterschiedliche Untersuchungsansätze gehen dieser Frage nach (Krampen, 2007):

* siehe Kapitel 1

Untersuchungen an Einzelfällen:

»Wolfskinder«:
Als Wolfskinder werden Kinder bezeichnet, die isoliert von anderen Menschen aufwachsen. Die wenigen Untersuchungen scheinen darauf hinzudeuten, dass Sprachentwicklung und motorische Entwicklung bei solchen Kindern beeinträchtigt ist; sofern sie vor dem 11./12. Lebensjahr aufgefunden wurden, scheinen die Sprachdefizite jedoch gut aufgeholt werden zu können. Eine Intelligenzminderung scheint nicht nachweisbar zu sein.

»Kasper-Hauser-Experimente«:
Auch Kaspar-Hauser-Experimente faszinieren die Menschen bis heute. Es gibt Berichte, dass bereits im alten Ägypten Pharao Psymmetich I. Neugeborene unter Schafen aufgezogen haben soll, um die "Gottessprache" herauszufinden. Diese Kinder starben laut Überlieferung mangels sozialer Zuwendung innerhalb der ersten zwei Jahre. Zu diesen Ergebnissen kommen auch ähnliche Einzelfallberichte aus den kommenden Jahrhunderten.

Auch in einem sozialen Umfeld kann ein Mensch emotional unterversorgt sein und sich durch ablehnendes Verhalten mit der Aufmerksamkeit versorgen, die er zum Überleben braucht.

Probleme der Methode: Erkenntnisse aus Einzelfällen können weder verallgemeinert werden noch können die Anlagefaktoren von Umwelteinflüssen getrennt werden. Aus diesen Gründen bringen die Einzelfallerkenntnisse keine verwertbaren Erkenntnisse.

Kapitel 18 - Persönlichkeitspsychologie II. Intelligenz

Seit der Entschlüsselung des menschlichen Genoms im April 2003 ist der biochemische Ansatz wieder verstärkt von Interesse. Nicht allein durch die Möglichkeit der chromosomalen Manipulation, auch der ethische Aspekt spielt eine Rolle, denn der Einfluss der externen Einflussnahme auf den Menschen kann zukünftig die psychische Situation verändern.

Untersuchung chromosomaler Besonderheiten:
Vergleiche von Genotyp und Phänotyp, d. h. der Zusammenhänge zwischen genetischen Besonderheiten, Intelligenz und weiteren Persönlichkeitsmerkmalen.

Befunde: Chromosomanomalien (z. B. Trisomie 21) bewirken komplexe Veränderungen. Dabei ist Intelligenzminderung nur ein Symptom von vielen.

Probleme der Methode: Da die Syndrome sehr komplex sind, können allgemeine Aussagen nur schwer getroffen werden. Eine Intelligenzminderung kann sowohl mit der genetischen Veränderungen an sich als auch mit der Reaktion der Umwelt auf die genetische Variation zu tun haben.

Fazit: Die Untersuchungen belegen einen Einfluss der Erbanlage, der Umwelt sowie eine Mischung aus beidem. Die modernen Genomanalysen bestätigen dieses Ergebnis.

Als sie die Erbanlagen auf Intelligenzgene hin untersuchten, fanden Humangenetiker der Universität Ulm heraus, dass die menschliche Intelligenz größtenteils auf dem X-Chromosom liegt, das Söhne ausschließlich von der Mutter erhalten. Die Arbeitsgruppe um Horst Hameister, geschäftsführender Oberarzt der Abteilung Humangenetik in Ulm, hat deutliche Unterschiede bei der Verteilung von intelligenzbestimmenden Genen auf dem X- und Y-Chromosom im menschlichen Erbgut festgestellt.

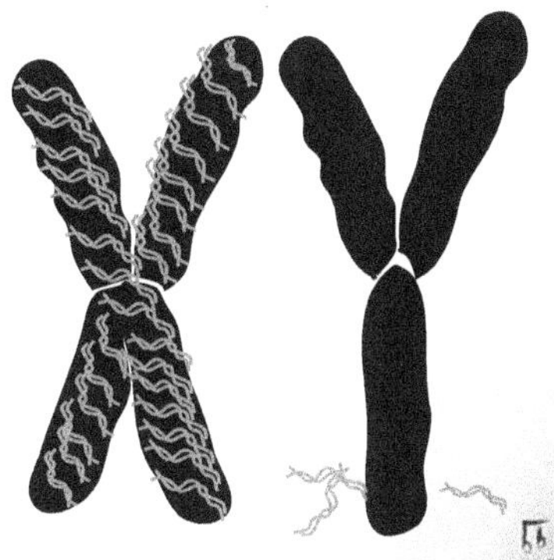

Auf den weiblichen X-Chromosomen befinden sich viele "Intelligenzgene". Auf dem Y-Chromosom aber konnten keine Gene nachgewiesen werden, die für die Entwicklung von Geisteskraft relevant sind.

Da Männer über nur ein X-Chromosom verfügen, wird die Intelligenz durch die Mutter weitergegeben, die über zwei X-Chromosome verfügt.

Der Befund könnte erklären, warum Männer unter geistig Behinderten wie unter Hochintelligenten stärker vertreten sind. Da sie nur ein X-Chromosom haben, wirkt sich jede Erbanlage, die Intelligenz besonders fördert, aber auch jeder Genschaden direkt aus. Bei Frauen dagegen, die zwei X-Chromosomen und damit alle Intelligenzgene doppelt haben, ist der Intelligenzgrad normal verteilt.

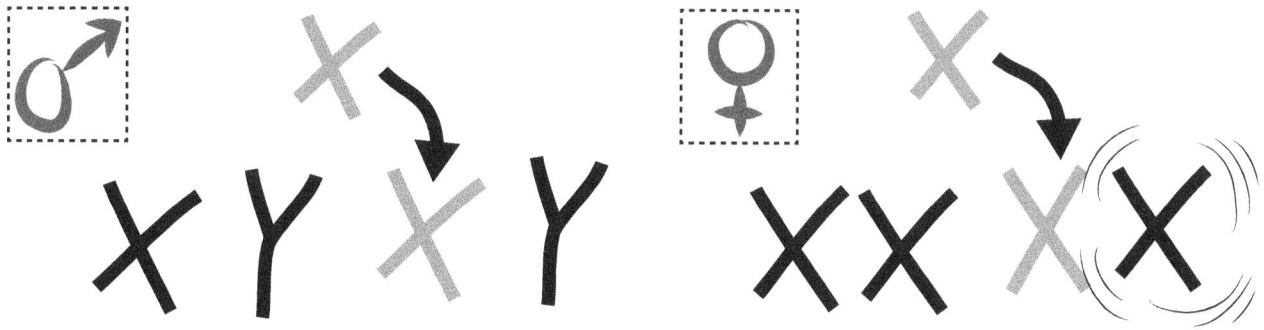

Die Intelligenz ist ein sehr komplexes Merkmal, das durch viele Gene und Umweltfaktoren bestimmt wird. So tragen, nach Hameister auch Nichtgeschlechtschromosomen intelligenzbestimmende Gene - allerdings nur ein Drittel so viele wie die X-Chromosomen.

Die Intelligenzforschung ist einer der ältesten Zweige der Psychologie. IQ-Tests gibt es seit circa 100 Jahren mit dem Schwerpunkt auf Wissen und Lernfähigkeit. In neuester Zeit verändert sich der Schwerpunkt und die Intelligenz wird vielfältiger erforscht. Es kommt die soziale, die emotionale Intelligenz und die charakterliche Entwicklung hinzu.

Intelligenztests sind nicht endgültig. Das Ergebnis kann sich ändern:

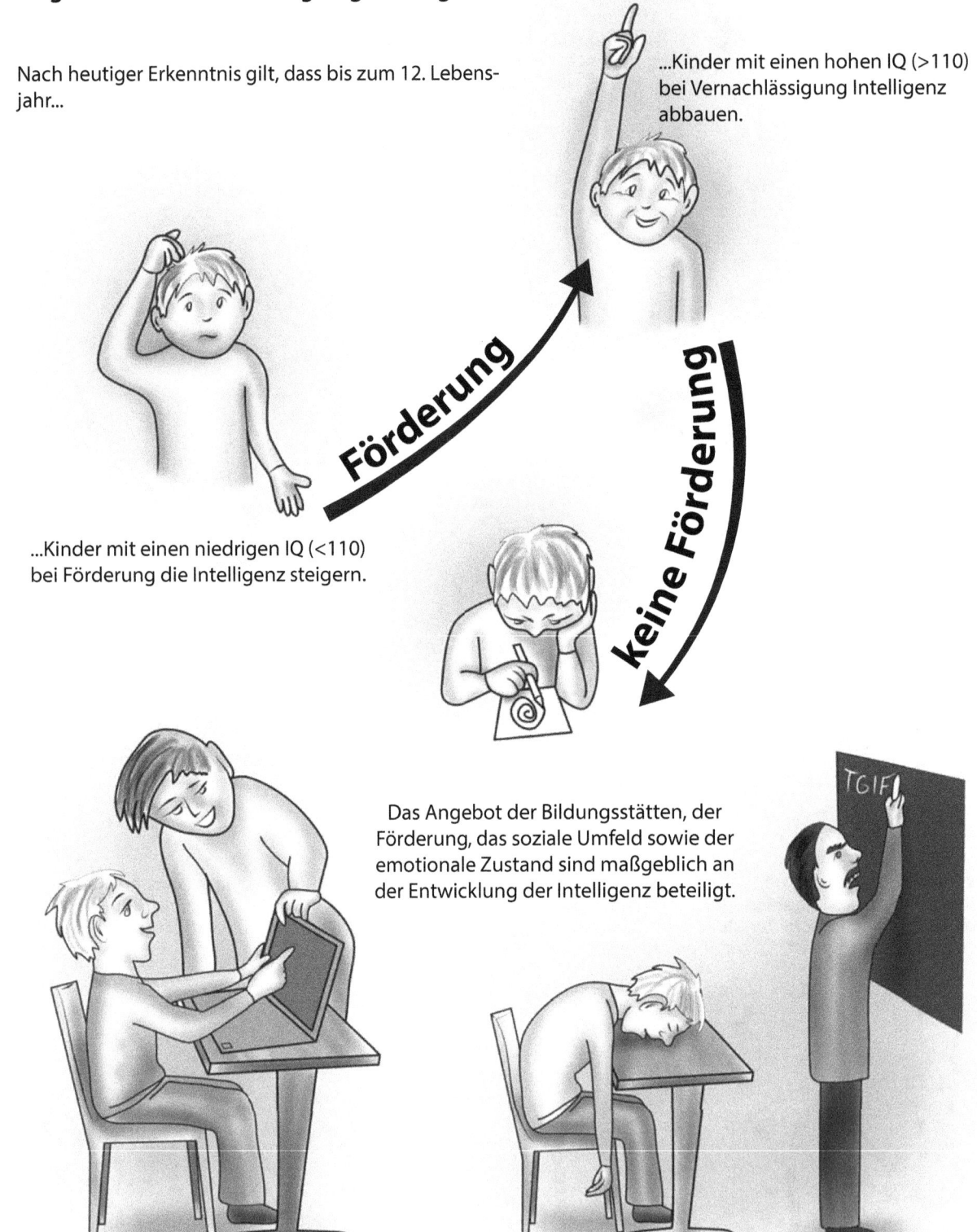

Nach heutiger Erkenntnis gilt, dass bis zum 12. Lebensjahr...

...Kinder mit einen hohen IQ (>110) bei Vernachlässigung Intelligenz abbauen.

...Kinder mit einen niedrigen IQ (<110) bei Förderung die Intelligenz steigern.

Das Angebot der Bildungsstätten, der Förderung, das soziale Umfeld sowie der emotionale Zustand sind maßgeblich an der Entwicklung der Intelligenz beteiligt.

Intelligenz ist nur ein Teilaspekt des Menschen. Ein Intelligenztest allein kann keine sichere Aussage über die beruflichen oder sozialen Fähigkeiten eines Menschen treffen und sagt nichts über die Fähigkeit zur Empathie einer Person aus. Intelligenz kann auch krankheitsbedingt sein (z.B. Asperger-Syndrom, frühkindlicher Autismus, Legasthenie).

Kreativität ist unabhängig von Intelligenz? In der Psychologie nicht.
Der psychologische Ansatz ist, Kreativität als Denken und Handeln mit mehreren Lösungsmöglichkeiten zu definieren. Kreativität heißt demnach nicht einfach etwas Schönes zu erschaffen, sondern es werden die Wege beurteilt, die zum Erschaffen führen. Kreativ ist es, wenn man etwas hervorbringt, möglichst gegen alle gängigen Vorstellungen, wenn man nach Möglichkeit etwas Neues erschafft oder eine neue Ausdrucksform findet, die die Menschheit oder einige Menschen zu Weiterem beflügelt und eine Entwicklung oder Lösung eines Problems ermöglicht.

Fazit: Vielleicht sind viele menschliche Errungenschaften lediglich eine intelligente Entwicklung der Kreativität.

Theorien und Modelle:
Wie die Intelligenz hatte die Kreativität und deren Nutzung schon früh ihren Reiz für die Psychologie.
1921 formuliert **Köhler** seinen **gestaltpsychologischen Ansatz.**
Er beschreibt den kreativen Prozess anhand von vier Phasen:

1. Problemanalyse und Informationssuche
(z. B. Hilfsmittel ausprobieren)

2. Inkubation:
Bleiben die ersten Lösungsversuche erfolglos, folgt eine (scheinbare) Ruhephase, in der man sich ablenkt, während das Problem im Hintergrund bleibt.

3. Illumination (Aha-Erlebnis):
Plötzlich fällt einem die richtige Lösung ein.

4. Verifikation und Elaboration:
Ausarbeiten und Umsetzung der Lösung

Zum Glück gibt es keine Norm für den kreativen Prozess. Dadurch würde der kreative Prozess ad absurdum geführt und würde dem Versuch gleich kommen, auf eingefahrenen Straßen neue Wege zu entdecken.

Der Psycho-Comic Persönlichkeitspsychologie II. Intelligenz

18

Zugehörige Theorien und Modelle:
These von Genie und Irrsinn von Lombroso (1890) und Psychoanalytischer Ansatz (Stein & Stein, 1984):

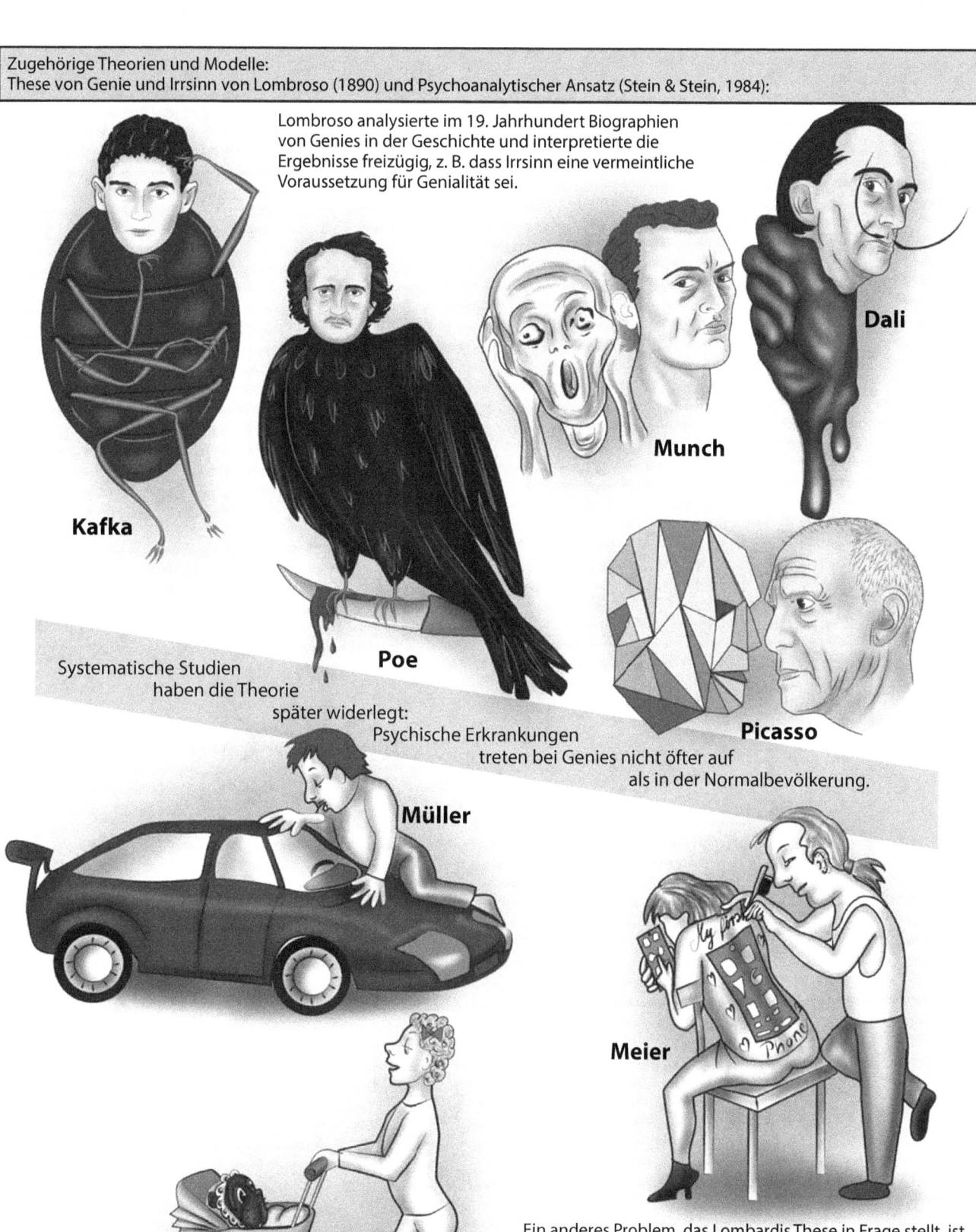

Lombroso analysierte im 19. Jahrhundert Biographien von Genies in der Geschichte und interpretierte die Ergebnisse freizügig, z. B. dass Irrsinn eine vermeintliche Voraussetzung für Genialität sei.

Kafka **Poe** **Munch** **Dali** **Picasso**

Systematische Studien haben die Theorie später widerlegt: Psychische Erkrankungen treten bei Genies nicht öfter auf als in der Normalbevölkerung.

Müller **Meier** **Schmitt**

Ein anderes Problem, das Lombardis These in Frage stellt, ist medizinischer Natur, denn es gab in früheren Zeiten sehr viel häufiger Syphilis-Erkrankungen, die die Psyche ab Stadium 3 beeinflussen und den Erkrankten „wahnsinnig" erscheinen lassen. Auch Alkoholiker, Absinthtrinker oder Drogenkonsumenten wurden, sofern sie Künstler waren, gerne einfach als exzentrisch oder „genial irre" angesehen.

Die Theorie hatte allerdings sowohl Auswirkungen auf Therapieformen (die Kunsttherapie entstand) als auch auf die Kunst (man nahm an, dass gerade Kinder und psychisch Kranke zu wahrer Kunst fähig sind).

Psychoanalytischer Ansatz Stein & Stein:
Freud meinte, dass ähnlich wie bei Neurosen verdrängte Triebenergie in Kreativität umgeformt werden kann.

Freud erklärt nicht, wann aus verdrängten Triebenergien Kreativität und wann Neurosen entstehen. Er betont allerdings, dass Kreativität im Unterschied zur Neurose sozial positiv bewertet wird.

Psychedelischer Ansatz von **Leary**
Learys Theorie war, dass mithilfe halluzinogener Drogen die Grenzen des Bewusstseins überwunden werden können. Um die Wirkung der Drogen auf Bewusstseinserweiterung und Kreativität zu beweisen, führte Leary in seinen Seminaren Selbstversuche durch.

Der Drogenkonsum steigert nicht die Kreativität, sondern verändert nur die eigene Wahrnehmung: Man hält sich für kreativer, ohne es wirklich zu sein. LSD wird immer noch erforscht, besonders in der Schmerztherapie und zur Angstlinderung bei sterbenden Patienten.

Die Geschichte der Kreativitätsforschung ist eng mit der Weltraumforschung verbunden. Während des Kalten Krieges bemühten sich sowohl die USA als auch Russland darum, den ersten Satelliten in den Weltraum zu schicken. Als die Russen schließlich den Wettstreit mit der Sputnik 1 gewannen, löste dies in den USA den sogenannten Sputnik-Schock aus, da sie nie damit gerechnet hatten, gegen Russland zu verlieren. In der Folge investierten die USA massiv in die Kreativitätsforschung, die in der Psychologie in den 60er-Jahren ihren Höhepunkt erreichte.

Aus zwei Gründen ließen die Bemühungen danach mehr und mehr nach:
- Erstens war Kreativität schwer zu messen (in Intelligenztests gibt es eine oder wenige Antwortmöglichkeiten, bei Kreativitätsaufgaben sind es prinzipiell unendlich viele).
- Zweitens blieb unklar, wie man Kreativität fördern kann (was das ursprüngliche Ziel der Forschung sein sollte).

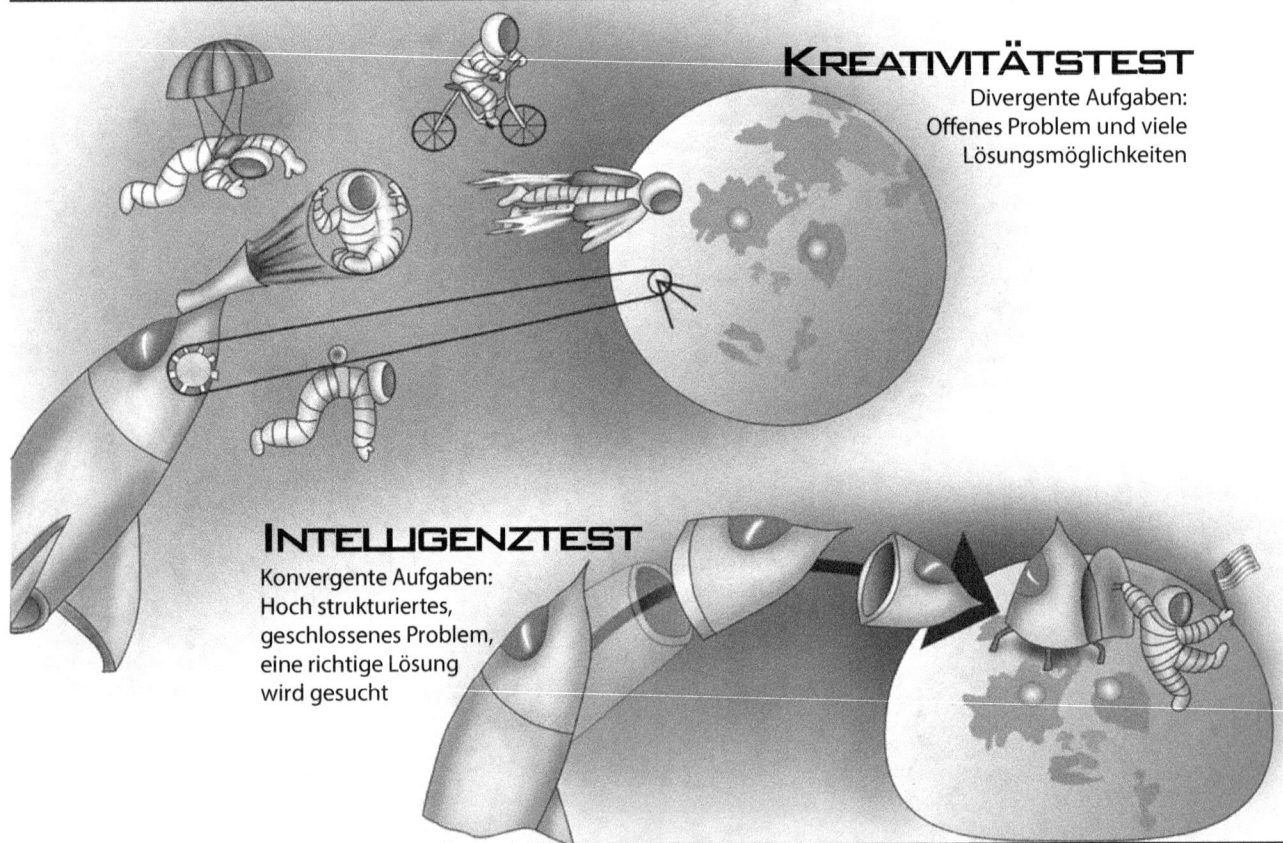

KREATIVITÄTSTEST
Divergente Aufgaben: Offenes Problem und viele Lösungsmöglichkeiten

INTELLIGENZTEST
Konvergente Aufgaben: Hoch strukturiertes, geschlossenes Problem, eine richtige Lösung wird gesucht

Trotz der Schwierigkeiten Kreativität zu messen, gibt es auch Kreativitätstests, z. B. KVS-P (Kreativitätstest für Vorschul- und Schulkinder), V-K-T (Verbaler Kreativitätstest), Subtests zum divergenten Denken im BIS-T.

Angewandte Psychologie Kapitel 19

Psychotherapie

Wir haben im Leben Erlebnisse, auf die wir reagieren und mit denen wir einen Umgang entwickeln müssen, damit sie uns nicht willkürlich beeinflussen, sondern wir trotz der daraus resultierenden Emotionen weiter leben bzw. überleben können. Es gibt Ereignisse, auf die wir angemessen reagieren können, und solche, die uns überfordern und aus der Bahn werfen, sodass wir nicht mehr in der Lage sind, unseren Alltag zu bewältigen und unser Leben zu gestalten. Dann liegt eine psychische Erkrankung vor.

Statistiken zur Erfassung der Häufigkeit psychischer Erkrankungen sind schwierig, da sich die Lebensbedingungen und -anforderungen in den letzten 100 Jahren stark verändert haben, die Lebenserwartung gestiegen ist, und 1950 die Modalitäten zur Erhebung geändert wurden: Seitdem bezieht man auch altersbedingte Erkrankungen ein.

Es gibt keine sicheren Erkenntnisse darüber, welche Ereignisse unmittelbar zu einer psychischen Störung führen. Es gibt nur Erkenntnisse über die Wahrscheinlichkeit, nach starken körperlichen und/ oder psychischen Traumata zu erkranken. Druck, Erniedrigung und Hilflosigkeit bzw. einer Angstsituation ausgeliefert sein, z.B. durch Krieg, haben eine hohe Wahrscheinlichkeit.
Die epigenetische Forschung ergab, dass Depressionen und Angststörungen, die aufgrund von Kriegserlebnissen und Hungersnöten, Druck, Erniedrigung und Hilflosigkeit entstanden sind, als Information über Generationen weitergegeben werden können.

Allerdings, gibt es auch immer wieder Menschen, die Traumata verarbeiten und den krankmachenden Prozess so umkehren, dass sie positiv und gestärkt daraus hervorgehen. Die Ursachen für die unterschiedlichen Reaktionen sind ebenfalls ungeklärt. Nur ungefähr ein Drittel der Menschen, die ein Trauma erleben, entwickeln eine posttraumatische Belastungsstörung.

Die heutige Psychologie bietet verschiedene Therapien, die für die unterschiedlichen Menschen und die unterschiedlichen Ausprägungen der psychischen Erkrankungen Möglichkeiten, bieten ein selbstbestimmtes Leben in der Gesellschaft zu führen. Das Ziel jeder Therapie, auch der medikamentösen, ist die (Wieder-)herstellung des Lebenswerts.

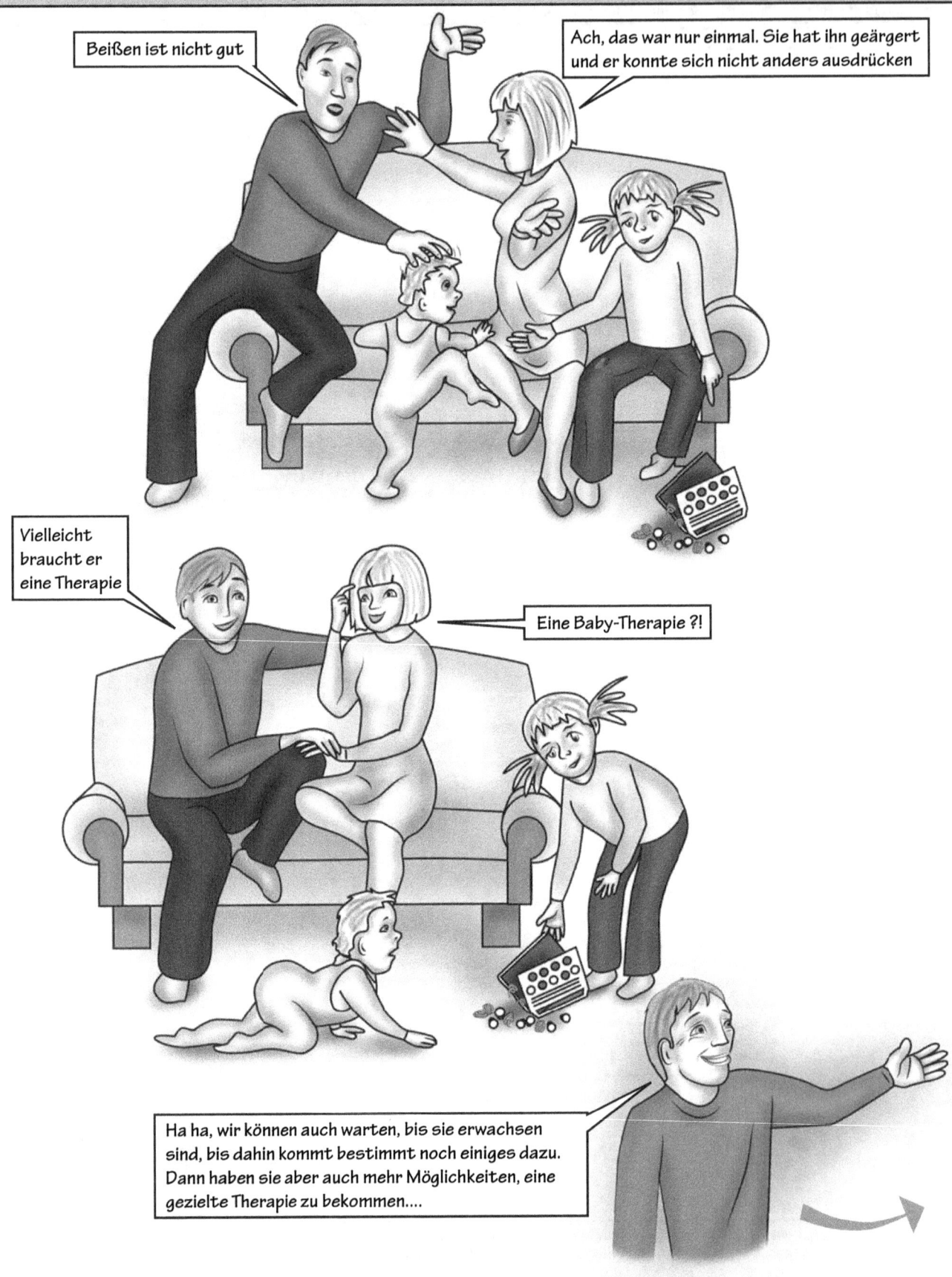

Die 6 in Deutschland häufigsten und fachlich anerkannten Therapieformen sind:

Die analytische Psychotherapie
Die analytische Therapie ist eine Weiterentwicklung der freudschen Psychoanalyse, sie basiert in den Grundzügen immer noch auf Freuds Annahmen.
Der Ursprung der Beschwerden wird in der Kindheit vermutet. Eine Erweiterung stellt die Einbeziehung aktueller Erfahrungen dar. Der Therapeut bleibt zurückhaltend.

Die tiefenpsychologisch fundierte Psychotherapie,
wurzelt auch in der freudschen Psychoanalyse, stellt allerdings konkrete Ziele und aktuelle Situationen in den Vordergrund. Sie bezieht die Vergangenheit und Kindheit zur Ursachenerkenntnis ein. Der Therapeut lenkt zurückhaltend und motivierend.

Die kognitive Verhaltenstherapie,

arbeitet auf konkrete Ziele hin, um erlerntes Verhalten zu modifizieren. Es werden Gedanken, Gefühle und körperliche Reaktionen als erlernt angenommen, die wieder verlernt werden können. Durch eine Änderung der Einstellung zu seinen psychischen Problemen findet für den Patienten eine Heilung statt. Biographische Hintergründe werden einbezogen. Der Therapeut ist unterstützend und lenkend.

Dauer: 6 Monate bis 2 Jahre mit einer Einzel- oder Gruppensitzung in der Woche. Mehrstündige Trainingseinheiten werden besonders in der stationären Behandlung durchgeführt. Wirksamkeit nachgewiesen bei Depressionen, Angst-, Zwangs-, Ess- und Persönlichkeitsstörungen. Stationär auch bei Schizophrenie und schweren Psychosen mit körperlichen Störungen.

Die Gesprächspsychotherapie,

setzt bei der Vorstellung an, dass Erfahrungen einer Person mit ihrem Selbstbild nicht vereinbar sind (Inkongruenz) und so zu psychischen Störungen führen. Die Gefühle des Patienten werden zunächst genau erforscht, dann werden Lösungen erarbeitet. Ungeeignet für Personen, die keinen Zugang zu sich haben. Der Therapeut unterstützt taktvoll und einfühlsam.

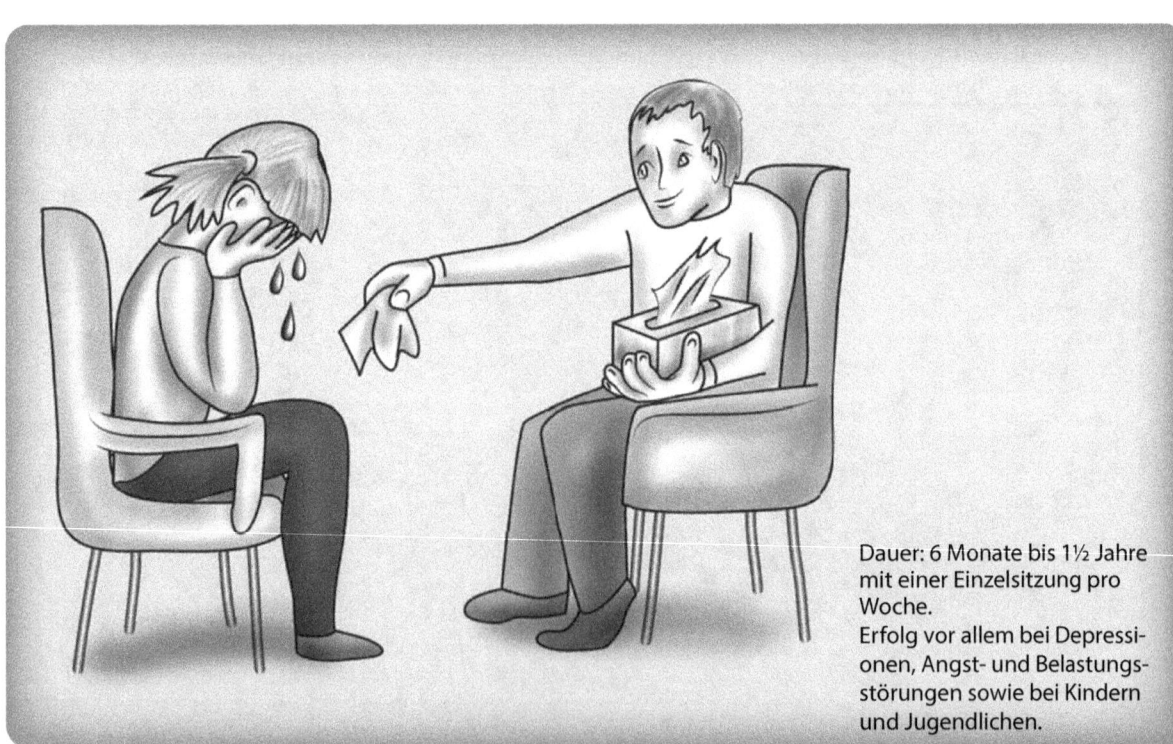

Dauer: 6 Monate bis 1½ Jahre mit einer Einzelsitzung pro Woche.
Erfolg vor allem bei Depressionen, Angst- und Belastungsstörungen sowie bei Kindern und Jugendlichen.

Die systemische Psychotherapie,

sieht Menschen als Teil eines sozialen Systems und verfolgt klar umrissene Ziele. Durch Wechselwirkungen in einem System aus zwischenmenschlichen Beziehungen kann es zu psychischen Konflikten und Problemen kommen, real oder vorgestellt. Es werden auch Ehepartner und/oder Familienmitglieder zur aktiven Teilnahme einbezogen. Der Therapeut verhält sich aufklärend und anregend.

Dauer: ca. 20-25 Sitzungen in größeren Abständen, evtl. monatlich.
Findet häufig Anwendung in Familienberatungsstellen oder als Paartherapie.

Therapeutisches Achtsamkeitstraining,

ist schon bei Freud, Jung, Fromm unter dem Begriff Konzentrationstherapie zu finden. Die Annahme ist, dass Menschen sich ihren Vorstellungen entsprechend verhalten und sich immer in gleiche Situationen manövrieren (Bekanntes = sicher) In der heutigen Zeit wird durch medialen Input ein Allgemeinbewusstsein geschaffen, das psychische Störungen hervorrufen kann, weil es zu einer Trennung zwischen einer Person und der Realität führen kann. Das Prinzip ist das Erlernen einer ganzheitlichen, individuellen Wahrnehmung unter Bewusstmachung aller Sinne sowie deren Nutzung zur Entspannung der Psyche und in Konfliktsituationen. Meditation, bewusste Ernährung und Körperwahrnehmung sind wichtige Bestandteile. Das Ziel ist die Selbstregulation der Aufmerksamkeit. Der Therapeut ist anleitend, auffordernd und fördernd.

Dauer: 2 Monate bis 1 Jahr, wobei der Betroffene die erlernten Methoden ein Leben lang anwenden kann.
Wird erfolgreich eingesetzt bei Depressionen, Sucht-, Angst- und Belastungsstörungen sowie bei Kindern und Jugendlichen. Wird in einigen Ländern erfolgreich in Schulen unterrichtet, um Kindern eine bessere Lernsituation zu ermöglichen.

Obwohl alle genannten Therapien anerkannt sind, werden nur die analytische, die tiefenpsychologische und die Verhaltenstherapie von den Krankenkassen bezahlt. Das ist letztendlich historisch gewachsen und inhaltlich nicht logisch begründbar. Es bleibt abzuwarten, ob in den nächsten Jahren weitere Therapieformen in den Leistungskatalog der Krankenkassen aufgenommen werden oder nicht.

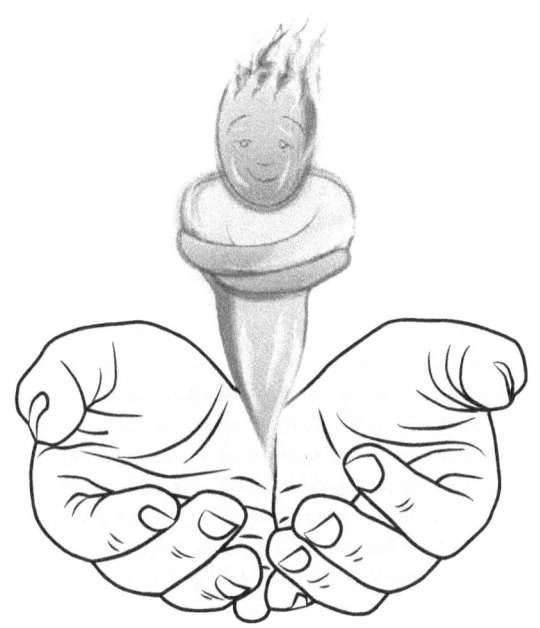

Ich wünsche allen, die sich für dieses Buch entschieden haben,
ein glückliches Leben, viel Erfolg, Spaß und Anerkennung und vor allem Liebe!

Christine Goerigk

Literaturverzeichnis

Adler, A. (1974). *Praxis und Theorie der Individualpsychologie*. Frankfurt: Fischer.

Ainsworth, M. & Bell, S. (1970). Attachment, Exploration, and Separation: Illustrated by the Behavior of One-Year-Olds in a Strange Situation. *Child Development, 41*, 49-67.

Allport, G. W. (1937). *Personality: A psychological interpretation*. New York: Holt.

Allport, G. W. & Odbert, H. S. (1936). Trait names: A psycholexical study. *Psychological Monographs, 47(1)*, i–171.

Asch, S. E. (1955). Opinions and social pressure. *Scientific American, 193*, 31-35.

Atkinson, R. C. & Shiffrin, R. M. (1968). Human memory: A proposed system and its control processes. In K. W. Spence & J. T. Spence (Eds.), *The psychology of learning and motivation* (Vol. 2, pp. 89-195). New York: Academic Press.

Baddeley, A. (1997). Human Memory: Theory and Practice (rev. ed.) Boston: Allyn & Bacon.

Baddeley, A. (2000). The episodic buffer: a new component of working memory? *Trends in Cognitive Sciences, 2*, 417-423.

Baddeley, A. (2010). Working memory. *Current Biology, 20*, 136-140.

Bandura, A. (1997). *Self-efficacy*. New York: Freeman.

Bandura, A., Ross, D., & Ross, S. A. (1961): Transmission of aggressions through imitation of aggressive models. *Journal of Abnormal and Social Psychology, 63*, 575-582.

Bowlby, J. (1958). The Nature of the Child's Tie to his Mother. *International Journal of Psycho-Analysis, 39*, 350-373.

Cattell, R. B. (1946). *The description and measurement of personality*. Yonkers: World Book.

Craik, F.I.M. & Lockhart, R. R. (1972). Levels of processing: A framework for memory research. *Journal of Verbal Learning and Verbal Behavior, 11*, 671-684.

Dutton, D. G. & Aron, A. P. (1974) Some evidence for heightened sexual attraction under conditions of high anxiety. *Journal of Personality and Social Psychology, 30*, 510–517.

Ekman, P. & Friesen, W. V. (1971). Constants across cultures in the face and emotion. *Journal of Personality and Social Psychology, 17*, 124-129.

Kelly, G. A. (1955). *The psychology of personal constructs*. Norton: New York.

Kißler, C. *Kostenlose Nachhilfe*. Verfügbar unter: https://www.youtube.com/user/KostenloseNachhilfe/videos

Köhler, W. (1921). *Intelligenzprüfungen am Menschenaffen*. Berlin: Springer.

Krampen, G. (2000). *Handlungstheoretische Persönlichkeitspsychologie* (2. Aufl.). Göttingen: Hogrefe.

Krampen, G. (2002). Persönlichkeits- und Selbstkonzeptentwicklung. In R. Oerter & L. Montada (Hrsg.), *Entwicklungspsychologie* (5. Aufl., S. 675-710). Weinheim Beltz.Kaptiel 18 fehlt

Krampen, G. (2007). Persönlichkeitspsychologie II. Vorlesung an der Universität Luxemburg im SS 2007.

Lombroso, C. (1890). *Der geniale Mensch*. Hamburg: Verlagsanstalt und Druckerei.

Milgram, S. (1963). Behavioral Study of Obedience. *Journal of Abnormal and Social Psychology,67*, 371–378.

Meyer, W.-U., Reisenzein, R. & Schützwohl, A. (2001). *Einführung in die Emotionspsychologie: Band I: Die Emotionstheorien von Watson, James und Schachter* (2. Aufl.). Göttingen: Hans Huber.

Moscovici, S., Lage, E. & Naffrechoux, M. (1969). Influence of a consistent minority on the responses of a majority in a color perception task. *Sociometry, 32*, 365-380.

© Springer-Verlag GmbH Deutschland, ein Teil von Springer Nature 2019
C. Goerigk und F. Schmithüsen, *Der Psycho-Comic*,
https://doi.org/10.1007/978-3-662-59072-0

Oerter, R. & Montada, L. (Hrsg.). (2002). *Entwicklungspsychologie* (5. Aufl.). Weinheim: Beltz.

Reisenzein, R., Meyer, W.-U. & Schützwohl, A. (2003). *Einführung in die Emotionspsychologie: Band III: Kognitive Emotionstheorien*. Göttingen: Hans Huber.

Rogers, C. (1987). *Eine Theorie der Psychotherapie, der Persönlichkeit und der zwischenmenschlichen Beziehungen*. Köln: GwG.

Rosenthal, R. & Jacobson, L. F. (1968). Teacher expectations for the disadvantaged. *Scientific American, 218*, 3-9.

Rotter, J. B. (1954). *Social learning and clinical psychology*. Englewood Cliffs: Prentice-Hall.

Schmithüsen, F. (Hrsg.). (2015). *Lernskript Psychologie: Die Grundlagenfächer kompakt*. Heidelberg: Springer.

Schmithüsen, F. & Ferring, D. (2015). Allgemeine Psychologie. In F. Schmithüsen (Hrsg.), *Lernskript Psychologie: Die Grundlagenfächer kompakt* (S. 21-93). Heidelberg: Springer.

Schmithüsen, F. & Ferring, D. (2015). Entwicklungspsychologie. In F. Schmithüsen (Hrsg.), *Lernskript Psychologie: Die Grundlagenfächer kompakt* (S. 245-286). Heidelberg: Springer.

Schmithüsen, F. & Krampen, G. (2015). Geschichte der Psychologie. In F. Schmithüsen (Hrsg.), *Lernskript Psychologie: Die Grundlagenfächer kompakt* (S. 1-19). Heidelberg: Springer.

Schmithüsen, F. & Krampen, G. (2015). Persönlichkeitspsychologie. In F. Schmithüsen (Hrsg.), *Lernskript Psychologie: Die Grundlagenfächer kompakt* (S. 287-314). Heidelberg: Springer.

Schmithüsen, F. & Steffgen, G. (2015). Sozialpsychologie. In F. Schmithüsen (Hrsg.), *Lernskript Psychologie: Die Grundlagenfächer kompakt* (S. 95-157). Heidelberg: Springer.

Sherif, M. (1935). A study of some social factors in perception. *Archives of Psychology, 27*, 17-22.

Sherif, M., Harvey, O.J., White, B.J., Hood, W.R. & Sherif, C.W. (1961*). Intergroup conflict and cooperation. The Robbers Cave Experiment*. Norman, OK: University of Oklahoma Press.

Skinner, B. F. (1948). ‚Superstition' in the pigeon. *Journal of Experimental Psychology, 38*, 168-172.

Spektrum Lexikon der Psychologie (2000). *Fixed-Role-Therapie*. Verfügbar unter: https://www.spektrum.de/lexikon/psychologie/fixed-role-therapie/4998

Spence, K. W. & Spence, J. T. (Eds.) (1968). *The psychology of learning and motivation* (Vol. 2). New York: Academic Press.

Stangl, W. (2019). *Lernen*. Verfügbar unter: http://arbeitsblaetter.stangl-taller.at/LERNEN/Modelllernen.shtml

Stangl, W. (2019). *James-Lange-Theorie*. Verfügbar unter: https://lexikon.stangl.eu/5963/james-lange-theorie/

Stangl, W. (2019). *Die frühkindliche Bindung an die Bezugsperson*. Verfügbar unter: http://arbeitsblaetter.stangl-taller.at/ERZIEHUNG/Bindung.shtml

Stein, H. & Stein, A. (1984). *Kreativität: Psychoanalytische und philosophische Aspekte*. München: Johannes Brechmans.

Valins, S. (1966). Cognitive effects of false heart-rate feedback. *Journal of Personality and Social Psychology, 6*, 458–463.

Zimbardo, P.G. & Gerrig, R. J. (2004). *Psychologie* (16. Aufl.). München: Pearson.

Zimbardo, P.G. (1999-2015). *Stanford Prison Experiment*. Verfügbar unter: http://www.prisonexp.org/deutsch/

 springer.com

Franziska Schmithüsen *Hrsg.*

Lernskript Psychologie

Die Grundlagenfächer kompakt

Jetzt im Springer-Shop bestellen:
springer.com/978-3-662-43563-2

GPSR Compliance

The European Union's (EU) General Product Safety Regulation (GPSR) is a set of rules that requires consumer products to be safe and our obligations to ensure this.

If you have any concerns about our products, you can contact us on

ProductSafety@springernature.com

In case Publisher is established outside the EU, the EU authorized representative is:

Springer Nature Customer Service Center GmbH
Europaplatz 3
69115 Heidelberg, Germany